Das Feen-Geschenk

Marcia Zina Mager

Das Feen-Geschenk

Wegweiser zu den Wundern des magischen Königreichs

Aus dem Englischen
von Marion Zerbst

Ansata

Der Ansata Verlag ist ein Unternehmen der
Econ Ullstein List Verlag GmbH & Co.KG, München

ISBN 3-7787-7172-8

Die englische Originalausgabe erschien 1999 unter dem Titel
»Believing in Faeries«
im Verlag The C.W. Daniel Company Limited
in Saffron Walden, Essex, England.

Printed in Germany
Redaktion: Anja Schmidt
Umschlaggestaltung: Ateet FranklDesign, München
Gesetzt aus der Goudy
Innengestaltung und Satz: Sabine Hilden, München
Druck und Bindung: Sachsendruck, Plauen

Für meinen Sohn Reyn Mager Aubrey,
der wahre Magie in mein Leben gebracht hat.

Inhalt

Es beginnt mit einem kleinen Märchen ... 11

Wie aus einer kleine Erbse in Brooklyn eine große Pflanze wurde 15

Teil Eins: Die Reise beginnt 27

Ein paar linkshirnige Informationen für rational denkende Menschen 29

Ein paar rechtshirnige Informationen für Menschen, die sich mehr auf ihre Intuition verlassen 33

Die sieben schimmernden Tore 37

Tor Nummer Eins: Den Feen Namen geben Ihre Gegenwart anerkennen 43

Tor Nummer Zwei: Berührung Kontaktaufnahme mit dem physischen Reich der Feen 53

Tor Nummer Drei: Lauschen Das Lied der Feenwelt hören 61

Tor Nummer Vier: Sehen 67
Das Wunder mit eigenen Augen bestaunen

Tor Nummer Fünf: Sein 73
Hingabe an die Ehrfurcht

Tor Nummer Sechs: Wissen 79
Eintritt in die Stille

Tor Nummer Sieben: Teilen 85
Die Inspiration zum Tanz

TEIL ZWEI: Wie Feen ihre Zeit verbringen 91

Lob – das Samenkorn, aus dem alles entsteht 92

Ein paar Worte über Gebetslieder ... 96

Die drei heiligen Gesetze 101

I. Das Heilige Gesetz der Macht 104

II. Das Heilige Gesetz des Mitgefühls 110

III. Das Heilige Gesetz der Schönheit 116

Das Lustprinzip 124

Leben nach dem Lustprinzip 130

Über die Angst 134
Eine bei den Feen sehr beliebte Geschichte 138

TEIL DREI: Die Geheimnisse der Feen 143

Wie man ein Verständnis für Magie entwickelt 145
Der sagenhafte Feenstaub 150
Die Technik des Fliegens 154
Wie man die wahre Liebe findet 156
Lieder der Liebe und Leidenschaft 158
Das Lied der Sexualität 164
Lieder des Lobes und der Enden 168
Ein Lied der Vertiefung 172
Wie man durch Mauern geht 175
Die Zukunft Gottes 180
Ein letztes Gebetslied 183

Danksagung 190

»Man kann nur mit dem Herzen richtig sehen;
das Wesentliche ist für das Auge unsichtbar.«
Antoine de Saint-Exupéry

Es beginnt mit einem kleinen Märchen ...

Es war einmal ein kleines Mädchen, das lebte in einer erwachsenen Frau. Das kleine Mädchen lachte sehr gern. Es sang und tanzte auch gern. Und am liebsten glaubte es an Zauberei.

Doch manchmal machte die erwachsene Frau dem kleinen Mädchen das Leben ziemlich schwer. Sie trug enge Kleider, hastete achtlos an Gärten vorbei und wollte auf Partys niemals tanzen. Das machte das kleine Mädchen sehr traurig.

Aber eines Tages geschah ein Wunder. Die erwachsene Frau war auf dem Weg zur Arbeit und lief wie üblich durch den Park, in dem viele Menschen spazieren gingen; da fing plötzlich eine ganz gewöhnliche Reihe von Büschen – genauer gesagt: eine Hecke – an zu singen. Die erwachsene Frau blieb stehen. Die Hecke sang nicht nur, nein, sie schimmerte und leuchtete auch und tat alle möglichen Dinge, die Hecken sonst niemals tun. Die erwachsene Frau kniff die Augen zusammen, schüttelte den Kopf und steckte den kleinen Finger ins Ohr, um festzustellen, ob sie sich das alles nicht vielleicht nur einbildete. (Das kleine Mädchen schüttelte sich vor Lachen.) Diese singende, schimmernde, leuchtende Hecke verblüffte die erwachsene Frau so sehr, dass sie sich auf der Stelle in das vom Morgentau noch feuchte Gras setzte, einen Füllfederhalter und einen gelben Notizblock aus der Tasche riss und zu schreiben begann. Sie schrieb wie verrückt – Absatz für Absatz, Seite für Seite, Kapitel für Kapitel. Und je mehr sie schrieb, umso mehr sang die Hecke, umso mehr lachte das kleine Mädchen und umso mehr lächelte die erwachsene Frau. Als sie fertig war, hatte sie ein ganzes Buch über ihr Erlebnis geschrieben. Und so fängt die Geschichte an …

Wie aus einer kleinen Erbse in Brooklyn eine grosse Pflanze wurde

Es begann in Brooklyn. Alles hat seinen Anfang in Brooklyn: die Dodgers, Woody Allen und auch ich. Unser aller schöpferische Laufbahn hat hier begonnen. Doch während die Dodgers mit dem donnernden Applaus jubelnder Fans aufwuchsen und Woody mit dem Donnern der Achterbahn von Coney Island, wurde meine Kindheit im Osten von New York vom Gezeter streitender Einwanderer begleitet. Mein Vater (Ruby) fuhr ein buntes Taxi und meine Mutter (Bertha) arbeitete als Buchhalterin in einer Pyjamafabrik. Beide kamen aus Polen und die Erinnerung an die grausamen Verfolgungen durch die Russen war noch sehr lebendig in ihnen. Einmal saß ich in unserem Hinterhof und beobachtete, wie eine Reihe von Ameisen einen Telegrafenmast hinaufkrabbelten. Das war mein intensivstes Naturerlebnis. Viel mehr Natur gab es in Brooklyn nicht. Ein paar flache Hecken, ein paar hübsche Ahornbäume, einige flauschige Eichhörnchen und einige Blauhäher – das war alles. Ich bin nicht gerade in einem Feengarten aufgewachsen. Wie kam ich dann dazu, ausgerechnet ein Buch über Feen zu schreiben?

Über diese Frage zerbrach ich mir monatelang den Kopf, nachdem ich dieses Buch verfasst hatte. Verzweifelt rief ich alle meine Freunde und Freundinnen an und fragte sie: Und was ist, wenn das Buch tatsächlich veröffentlicht wird und ich werde zu einer Talkshow eingeladen und gefragt, welche Erlebnisse mit Feen ich denn hatte? Was sollte ich dann sagen? Ich bin nicht unbedingt der Typ Frau, der sich Feen-Poster an die Wand hängt. Ich bin in New York geboren und aufgewachsen, wurde schon zweimal ausgeraubt, habe keine Angst davor, spät nachts noch U-Bahn zu fahren und weiß, wie man mit einem New Yorker Taxifahrer fertig wird oder sich in der Schlange an der Kasse nach vorn drängelt.

Ich und Tinkerbell (die wohl berühmteste Fee aus »Peter Pan«) und Feenstaub – das alles passt einfach nicht zusammen.

Schließlich antwortete eine besonders gewitzte Freundin: »Deine ganzen Sorgen sind ein ausgezeichneter Stoff für eine Talkshow. Sie sind interessant. Ehrlichkeit ist immer interessant.«

Sie hatte Recht, genau das bin ich: ehrlich. Und auf Ehrlichkeit basiert auch dieses Buch. Also lass mich erzählen, wie die Feen in mein Leben traten – und es für immer veränderten.

Rückblickend glaube ich, dass das Ganze in der Grundschule mit ein paar Wattebäuschen und einigen rohen Erbsen angefangen hat. Eines Tages verkündete meine Lehrerin, dass wir nun Pflanzen aus Erbsen ziehen würden. Ich kannte Erbsen. Das waren diese grünen, knackigen Dinger, die meine Mutter und ich in der Küche immer enthülsten. Ich aß sie gern roh. Gekocht verabscheute ich sie. Erbsen waren also nichts Neues für mich. Aber sie wachsen zu lassen – was war denn das für eine verrückte Idee? (Für diejenigen meiner Leser, die auf dem Land aufgewachsen sind oder in ihrer Kindheit einen Garten hatten, ist die Vorstellung, Erbsen zu ziehen, natürlich überhaupt nicht absurd. Doch für mich, die ich Gemüse nur vom Lebensmittelladen kannte, war der graumelierte Bart meines Vaters und die Ungeduld meiner Mutter so ziemlich das einzige, was man wachsen lassen konnte.)

Obwohl meine Lehrerin beharrlich behauptete, dass tatsächlich jeder von uns sich seine eigene Erbsenpflanze heranziehen könne, glaubte ich nicht daran. Aber ich tat dennoch, was sie uns auftrug: befeuchtete ein paar Wattebäusche, legte ein paar Erbsen hinein ... und wartete. Und ungefähr eine Woche später – siehe da – keimten tatsächlich einige kleine weiße Würzelchen aus den Erbsen hervor: Dies war also der Beginn eines Gartens.

Mit größter Sorgfalt und Präzision grub ich ein kleines Loch in das einzige, winzig kleine Stückchen Erde, das wir in dem harten Betonboden unseres Hinterhofs hatten. Als Begrenzung für meinen neuen kleinen Garten steckte ich sogar Stäbchen in die Erde, um die ich ein rosafarbenes Band schlang. Jeden Tag kam ich ganz aufgeregt von der Schule nach Hause gerannt, um nachzusehen, ob meine Erbsen schon Fortschritte machten. Und jeden Tag wurde ich enttäuscht. Montag, Dienstag, Mittwoch – nichts. Donnerstag, Freitag, Samstag – nichts. Da begann ich schnell wieder den Glauben zu verlieren. Eigentlich hatte ich ohnehin nie so recht daran geglaubt, eine Erbsenpflanze ziehen zu können. Ich trug meine Enttäuschung mit mir herum wie einen kleinen Hund, der gestorben war. Bald besuchte ich meinen Garten gar nicht mehr.

Ich hatte die Hoffnung aufgegeben.

Doch ein paar Wochen später beschloss ich aus irgendeinem Grund, noch ein letztes Mal nachzusehen. Ich ging in meinen provisorischen Garten, und meine Augen wurden groß wie Untertassen: Vor mir lag das erstaunlichste Wunder, das ich je gesehen hatte. Aus dem kleinen Stückchen Erde mitten in Brooklyn ragte ein langer, grüner Stängel hervor, zart und wunderschön, und an seiner Seite hing eine echte, lebendige Erbsenschote, genauso knackig wie die im Lebensmittelladen. Mit offenem Mund kniete ich nieder und starrte das Wunderwerk an. Mein Herz machte einen Freudensprung: Eine Erbsenschote. Eine ganz junge Erbsenschote. Mit zitternden Händen öffnete ich sie vorsichtig an einem Ende.

O Gott … da waren tatsächlich Erbsen drin! In der Schote waren echte Erbsen. Eine richtige Erbsenschote! So wie die, die meine Mutter und ich immer enthülsten! Ich konnte es einfach nicht fassen.

Das war das größte Wunder, das ich je gesehen hatte. Ich würde es nie, nie wieder vergessen.

Wenn ich heute an dieses Erlebnis zurückdenke, weiß ich, dass da noch ein größeres Wunder war. Es gab noch etwas anderes. Etwas Unsichtbares. Etwas Unbeschreibliches. Als kleines Mädchen nahm ich es als selbstverständlich hin. Es war so alltäglich, dass ich es nicht einmal bemerkte. Doch heute – Jahrzehnte später – wird mir klar, was »es« war: eine Fee. Ein magisches Wesen. Ein Ort des Wunders und der Unschuld. Ein Reich, das ebenso wirklich und greifbar ist wie Wolkenwände oder Gezeitentümpel. Ein Land, wo etwas … oder jemand tatsächlich existiert, wo Wunder etwas Alltägliches sind. Das war es, was mir damals als kleines Mädchen fast die Schuhe ausgezogen hätte. Und erst knapp dreißig Jahre später, als ich gegen die schlimmste Großstadtdepression ankämpfte, die mich je überfallen hat, erlebte ich »es« wieder ...

Machen wir einen großen Sprung ins Jahr 1990. Damals lebte ich allein in Manhattan. Ich hatte eine gemütliche (und billige) kleine Wohnung im schicken Stadtteil Soho; ich hatte eine Menge wunderbarer Freunde; ich arbeitete mit ziemlich großem Erfolg als freie Journalistin; und ich steckte in der tiefsten Depression meines Lebens. Ich möchte nicht allzu sehr ins Detail gehen (denn das würde ein weiteres Buch füllen), sondern nur sagen, dass ich an einer Kreuzung in meinem Leben angelangt war, deren Verkehrszeichen mir überhaupt nicht gefielen. Ich fühlte mich verloren, unausgefüllt, unzufrieden, leer. Und seltsamerweise äußerte meine Depression sich darin, dass ich mich jeden Tag stundenlang in allen möglichen Parks aufhielt, mich weinend an den Stamm eines Ginkgobaums lehnte und Spatzen mit Brötchenkrumen fütterte. Ich wusste nur, dass ich buchstäblich ausgehungert nach Natur war.

Aber ich verstand es nicht. Ich hatte Angst, verrückt zu werden. Mit der Zeit wurde es so schlimm, dass ich sogar Aufträge ablehnte, die ich dringend gebraucht hätte, um meine Miete zu bezahlen, weil ich die Stimme meines Herzens einfach nicht länger verleugnen konnte. Wenn ich heute an diese Zeit zurückdenke, ergibt das alles durchaus einen Sinn. Schließlich hatte mein ganzes Leben nur aus Wolkenkratzern, U-Bahnen und Beton bestanden. Und jetzt musste ich den Preis dafür bezahlen:

Ich dürstete Tag und Nacht nach allem, was grün und lebendig war, und wusste nur, dass ich unbedingt eine kräftige Dosis von Mutter Natur brauchte.

Und da begannen sich all diese seltsamen Dinge zu ereignen. Es erging mir wie Kevin Costner in dem Film »Field of Dreams«. Doch statt geheimnisvolle Stimmen in Maisfeldern flüstern zu hören, plagten meine inneren Stimmen mich, wenn ich beim Frühstück über meinem Weizenflocken-Müsli saß; und statt gespenstische Ballspieler in Iowa zu sehen, hörte ich leuchtende Büsche im Central Park singen und in der Houston Street lachten die Tulpen.

Diese Naturkrise war so schwer, dass ich das Einzige tat, was ein typischer, eingefleischter New Yorker niemals tun würde. Ich ging so weit, das unumstößlichste Gesetz von New York zu brechen: Ich zog fort! Ich verließ das Zentrum des Universums und durch eine Reihe verrückter Ereignisse (aber das ist wieder eine andere Geschichte) verschlug es mich so weit von Manhattan weg, wie es für ein Mädchen aus Brooklyn überhaupt nur möglich ist. Ich landete an einem Ort, von dem ich nie zu träumen gewagt hätte: Hawaii.

Und hier, in dieser so unendlich grünen und lebendigen Landschaft, passierte »es« wieder – das gleiche wie damals mit der Erbse. Das magische Königreich. Das Wort mit F.

Ich begegnete dem außergewöhnlichen Reich der Feen von Angesicht zu Angesicht – oder vielleicht sollte ich lieber sagen: von Herz zu Herz.

Lach nicht über mich. Du kennst mich inzwischen. Ich würde dich niemals anlügen. Ich kann gar nicht lügen. Ich bin eine New Yorkerin. Wir lügen nicht. Wir sagen den Leuten einfach die verdammte Wahrheit und dann drehen wir uns auf dem Absatz um und stapfen davon. Wenn ich so etwas wie das mit den Feen sage, dann meine ich es wirklich.

Es kam völlig unerwartet – wie aus heiterem Himmel. Ich führte gerade ein sehr teures Ferngespräch mit einer guten Freundin aus New York und irgendwie kam sie auf das Thema – na ja, du weißt schon: Feen. Sie meinte, es könnte interessant sein, ein Buch über Feen zu schreiben – schließlich würde doch in letzter Zeit in den Medien so viel Wirbel um Engel und Ähnliches gemacht. Ich kicherte und hängte ein. Feen – was für ein albernes Thema. Darunter konnte ich mir nichts anderes vorstellen als Tinkerbell und kleine geflügelte Frauen in durchsichtigen Gewändern. So etwas interessierte mich absolut nicht. Blödsinnige Idee ...

Doch etwas an der Sache ließ mich nicht los. Es war wie ein kleines Kind, das keine Ruhe gibt, weil es auf die Toilette muss. Feen? Feen? Ich hielt es nicht mehr aus, also rief ich eine gute Freundin an, die auch auf Hawaii lebte und sich mit diesen esoterischen Dingen beschäftigte. »Na, was gibt es für neue Insider-Informationen über Feen?« fragte ich sie, ohne ernstlich eine interessante Neuigkeit zu erwarten. Die Antwort kam wie aus der Pistole geschossen. »Es sind Naturgeister«, sagte sie fröhlich.

»Wirklich faszinierend. Sie wachen über die Bäume und Sträucher und Blumen und all das. Mit Tinkerbell hat das überhaupt nichts zu tun. Es sind sehr liebenswerte Geschöpfe. Wüsste gar nicht, was ich ohne sie anfangen sollte.«

Naturgeister? Baumwesen? Strauchwesen? *Erbsenwesen*?! Eine ganz, ganz leise Stimme in meinem Inneren begann zu lachen. Und in den nächsten zwei Wochen tobte in meinem Arbeitszimmer ein heftiges Gewitter. Ich schrieb Tag und Nacht. Ich wurde um drei Uhr morgens durch Feengesänge und Feengesetze und Feenlegenden geweckt. Einmal fuhr ich mit dem Fahrrad an blühenden Hecken mit faustgroßen roten Hibiskusblüten vorbei und bremste so scharf, dass ich mir beinahe das Genick gebrochen hätte, weil diese Blüten mich anschrien. Ich starrte in wildwachsende Orchideen hinein und kritzelte hastig auf meinen Notizblock, was für Lieder sie sangen.

Ich setzte mich neben Plumeria-Bäume und sie eröffneten mir ganz neue Welten.

Und als all das vorüber war, erwachte ich wieder aus meinem wilden Feenfieber, las meine Notizen durch und dachte: *O Gott, ich habe ein Buch über Feen geschrieben!*

Du siehst: Eigentlich wollte ich das alles gar nicht. Aber »es«muss mich wohl gewollt haben. Und seltsamerweise hat sich durch das Schreiben dieses Buches mein ganzes Leben verändert – trotz meines Unglaubens und meiner Skepsis. Ich kann gar nicht mehr an einer Blume oder Hecke oder am Zweig eines Baumes vorbeigehen, ohne »es« zu tun – das, was ich in diesem Buch erkläre: Man verändert seine Sicht- und Empfindensweise so, dass man in ihr Reich eintreten kann. Eines kann ich dir versichern: Nachdem du dieses Buch gelesen hast, wird ein Gang durch ein Gartencenter zu einem völlig neuen Erlebnis für dich werden.

Das ist meine Geschichte (zumindest der Teil meiner Geschichte, der mit Feen zu tun hat). Ja, ich lebe immer noch auf Hawaii. Und hier ist immer noch alles sehr grün und sehr lebendig. Doch obwohl ich nie wieder an einem Ort wie New York wohnen könnte, werde ich diese Stadt immer lieben. Denn ich glaube, wenn diese kleine Erbse mitten in der Großstadt nicht gewesen wäre, würde ich heute nicht auf Hawaii leben.

Ich wünsche dir viel Spaß bei der Lektüre dieses Buchs. Bleibe innerlich offen. Und denke an die einzige Regel des Feenreichs: Wunder gibt es überall. Sogar in Brooklyn.

»Als das erste Baby zum ersten Mal lachte, zerbrach das Lachen in tausend Stücke und diese Stücke hüpften überall herum! So sind die Feen entstanden.«
Sir James M. Barrie, 1860–1937, Peter Pan

Teil Eins

Die Reise beginnt

Wer sie sind und wie man ihnen begegnet

Sie haben nicht mehr Ähnlichkeit mit Tinkerbell, als du mit Bart Simpson.

Ein paar linkshirnige Informationen für rational denkende Menschen

Feen sind die multikulturellsten, politisch korrektesten Lebewesen, die man sich vorstellen kann. Sie sind ein wunderbares Konversationsthema, das bei einer großen Dinnerparty für Botschafter der UNO garantiert das Eis brechen würde. Denn es gibt auf der ganzen Welt keine Nation oder Kultur, die nicht ihre Sagen und Mythen über Feen oder Naturgeister hat. Man nannte sie zwar nicht immer »Feen«, doch sie haben stets zum Leben von Männern, Frauen und Kindern auf der ganzen Welt gehört. Auf den Britischen Inseln und in ganz Europa nannte man sie die kleinen Leute, die guten Nachbarn, das verborgene Volk, die Unterirdischen, die Waldfrauen oder die heimlichen Kinder Evas. Manche Kulturen bezeichneten sie auch als Elfen, Heinzelmännchen und Kobolde oder als Waldnymphen, Feldgeister, Elementargeister oder Wasserbabys. Wieder andere nannten sie Klopfgeister, Färöer oder Erdmännchen. In den östlichen Kulturen werden sie als Devas und Halbgötter bezeichnet, im polynesischen Kulturkreis als Menehune; die Russen nennen sie Domovays und Leshys, die Skandinavier sprechen von Nisses oder Tomtes. Durchforsche doch nur einmal die Weltliteratur von Afrika bis hinunter nach Australien: Du wirst überall Geschichten über Feen finden.

Das eigentlich Interessante daran ist, dass Feen – je nach den Glaubensvorstellungen der jeweiligen Kultur – entweder gefürchtet oder geliebt und verehrt wurden. Man sah sie als verhutzelte, runzelige Gestalten, die Kinder entführten und verirrte Wanderer töteten, aber auch als wunderschöne Sirenen mit wildem Blick, die die Männer verrückt vor Begehren machten. Man stellte sie sich als spitzbübische kleine, grüne Leute vor, die singen und tanzen, Musikinstrumente spielen, zum Spaß Rotkehlchen jagen und auf dem Rücken eleganter weißer Mäuse durch die Gegend galoppieren. Und natürlich auch als zarte junge Mädchen mit glitzernden Insektenflügeln oder als edle Jungfrauen in weißen, fließenden Gewändern. Außerdem schrieb man Feen stets große Kräfte zu, zum Beispiel die Fähigkeit, abgestorbene Zweige und Blätter in Gold zu verwandeln, ihre Gestalt zu verändern, Bauernanwesen und Felder entweder blühen und gedeihen oder verdorren und verkommen zu lassen und sterbliche Männer dazu zu bringen, dass sie sich unsterblich verliebten.

Ursprünglich lautete ihr englischer Name »fay«, womit ein Zustand der Verzauberung oder ein Zauberreich bezeichnet wurde; deshalb heißen Geschichten, in denen Wunder und Magie vorkommen, im Englischen auch heute noch »fairy tales« (»Feengeschichten«). »Fay« stammt vom lateinischen Wort »fata« ab, was »Parzen« bedeutet – das waren jene klassischen übernatürlichen Wesen, die großen Einfluss auf das Schicksa aller Männer und Frauen hatten. (Daher kommt auch die Vorstellung von den Paten-Feen – mystischen Wesen, die, wie beispielsweise in dem Märchen Cinderella, das Leben eines Menschen verändern können.) Und ebenso zahlreich wie die Namen dieser Naturgeister sind die verschiedenen Schreibweisen! Sie reichen von altfranzösischen Formen wie »faerie«, »faierie« und »fae« über mittelfranzösische Wörter wie »feerie« und »fee« bis hin zu altenglischen Namen, beispielsweise »fayere«, »pharie«, »feir« und »pherie«.

Doch gleichgültig, was für komplizierte Beschreibungen oder Namen oder Schreibweisen es für Feen gibt, die Wahrheit ist eigentlich immer dieselbe:

Feen sind wunderbare Geister, deren Gestalt und übernatürliche Kräfte unser begrenzter menschlicher Verstand sich gar nicht vorstellen kann.

Es liegt nun mal in der Natur des Menschen, alles deuten zu wollen. Menschen sind im Grunde ihres Wesens äußerst kreative, künstlerisch begabte Seelen. Ohne uns besondere Mühe zu geben, zeichnen wir ständig großartige Porträts des Lebens, indem wir alles, was wir sehen, im Licht unserer eigenen Erfahrungen interpretieren. Unsere Sichtweise ist nicht falsch, sie ist nur ständig im Fluss. Es ist eine lebendige Sicht, die sich genauso verändert wie wir selbst, die mit uns wächst und sich weiterentwickelt. Und nun, an der Schwelle zu einem neuen Jahrtausend, ist die Menschheit innerlich dazu bereit, noch ein weiteres Bild der Feen zu zeichnen: ein umfassenderes, tiefgründigeres, schöneres und *subtileres*. Der Einfachheit halber bezeichne ich in diesem Buch die ganze Familie des Verborgenen Königreichs als Feenwesen. Wir wollen die Hunderte, vielleicht sogar Tausende von Namen und Beschreibungen, die es auf der Welt für Feen gibt, einmal außer Acht lassen und uns nur auf jenes eine, dem Menschen zugängliche Zauberwesen, jenen Naturgeist konzentrieren, den man »Fee« nennt.

Die Feen sollen als Botschafter eines Reiches der Güte und Liebe fungieren, als Brückenbauer zwischen zwei Welten: der Welt unserer banalen Alltagsrealität und der magischen, mystischen, großartigen »anderen Welt« der Natur.

Ein paar rechtshirnige Informationen für Menschen, die sich mehr auf ihre Intuition verlassen

Sie sind überall; sie umgeben uns auf Schritt und Tritt, in allen Elementen der Natur. Sie sind Naturgeister – Wächter der Erde und ihrer ganzen Pracht und Herrlichkeit. Manche sind mächtiger, andere weniger mächtig; manche sind gütiger und mitfühlender als andere; manche verfügen über größere Zauberkräfte. Doch alle Wesen, die im Verborgenen Königreich leben, sind uns Menschen zugänglich. Sie fürchten uns nicht und verachten uns auch nicht. Sie sehnen sich genauso sehr nach unserer Gegenwart – unserer wahren Gegenwart – wie wir uns nach ihrer.

Jeder Mensch, der auf diesem Planeten lebt und atmet, hat schon einmal ein wichtiges Erlebnis mit Feen gehabt. Diese krafvollen Wesen leben in den schwindelnden Höhen der Baumwipfel unserer Regenwälder und in den zentimetergenau geschnittenen Hecken, die unseren Vorstadtgärten Schatten spenden; sie leben in der Erde unserer gepflegten Landhausgärten und in den Blumenkästen unserer überfüllten Großstadtlandschaften.

Sie sind die Könige und Königinnen der Jahreszeiten; sie sind die Ritter und Prinzessinnen von Wind, Regen und Wetter. Es gibt nichts auf diesem Erdball, worüber sie nicht wachen. Kein Land ist so klein oder so arm, dass sie sich nicht dafür interessieren würden; keine Stadt ist zu groß oder zu reich für sie.

Diese ganz besonderen empfindungsfähigen Wesen haben drei Aufgaben: Wachstum anzuregen, alle Wesen zu wahrer Gegenwart zu ermutigen und die Liebe zu fördern. Durch ihre Inspiration wird aus der Eichel eine riesige Eiche; durch ihre strahlende Ermutigung enfalten Adler, Wolf und Wal ihre Ehrfurcht gebietende Schönheit. Und dank ihrer ewigen Unterstützung verlieben die Menschen auf dieser Erde sich immer wieder bis über beide Ohren.

Wir können es uns nicht mehr länger leisten, dieses Verborgene Königreich zu ignorieren.

Unser Planet ist in Not. In einer Zeit, in der unsere Umwelt für uns ein so wichtiges Thema geworden ist, muss auch unsere Beziehung zu diesen außergewöhnlichen Geschöpfen für uns absolute Priorität haben. Das Reich der Feen braucht unsere Hilfe genauso dringend wie wir seine.

Wir sind nicht einfach nur einsame Opfer auf einem problembeladenen Planeten, die auf das Eingreifen eines mächtigen Überwesens warten. Wir sind auf dieser fantastischen Reise namens Erde alle miteinander verbunden – alle, das bedeutet: Männer und Frauen und Tiere und Geister. Auch wenn viele Menschen es nicht wahrhaben wollen: Wir müssen alle gemeinsam eine Lösung finden – Menschen und Feen. Denn beide haben etwas Einmaliges und Außergewöhnliches zu bieten. Jetzt ist der Zeitpunkt gekommen, um dieses wunderbare Bündnis endlich in Kraft treten zu lassen.

»Klopfet an, so wird euch aufgetan.«
Matthäus, Kapitel 7, Vers 7

KATLYN '99

Die sieben schimmernden Tore

Was ist das für ein Verborgenes Königreich? Wo liegt es? Wie findet man es? Und wie kommt man hinein? Um es in einfachen Worten auszudrücken: Das Verborgene Königreich ist eine großartige, unendlich weite, mächtige, grandiose, überwältigende, zarte, verzaubernde, außergewöhnliche, wunderschöne, köstliche und doch ganz alltägliche Welt. Es existiert in der Natur.

Die Wesen, die in diesem Verborgenen Königreich leben, sind eng mit der Welt der Natur verbunden.

Heißt das, das Verborgene Königreich und die Natur sind ein und derselbe Ort? Ja und nein. Das Verborgene Königreich ist das riesige Volk der Geistwesen, die wir Feen nennen, und die Natur ist das riesige Volk der Geschöpfe, die wir (vereinfachend) als Pflanzen und Tiere bezeichnen. Zwar handelt es sich um zwei verschiedene Orte, aber sie sind so eng ineinander verflochten, dass man eigentlich kaum von einem Unterschied sprechen kann. Alles klar?

Mit anderen Worten: Die überwältigend schöne rosa Blüte, die am Zweig des Hibiskusstrauchs aufbricht, steht so eng und intensiv mit der Fee in Verbindung, die über sie wacht, dass man die beiden eigentlich gar nicht als getrennte Wesen bezeichnen kann. Sind denn der Sänger und sein Lied etwas voneinander Getrenntes? Sind der Tänzer und sein Tanz nicht ein und dasselbe? Und ist die Grenze zwischen der Mutter und ihrem neugeborenen Kind nicht unsichtbar? Die bestmögliche Erklärung lautet, dass das Verborgene Königreich der Sänger ist und die Natur sein herrliches Lied.

Und wie betritt man dieses Reich oder wie findet man den Schlüssel dazu? Das ist eigentlich viel einfacher, als du es dir vielleicht vorstellst. Ich zeige dir in diesem Buch sieben einmalige Wege, »hindurchzugehen« oder sieben Tore, durch die du die besonderen Wesen wahrnehmen kannst, die dort leben.

Jedes Tor ist anders und bedient sich anderer Sinnesorgane. Du kannst dir das Tor auswählen, das dir persönlich am liebsten ist.

Manche Tore beginnen erst dort, wo andere enden. Wieder andere Tore erfordern ein besonders tiefes, umfassendes Verständnis.

Betrachte diese sieben Tore doch einfach als Laternen, deren Licht dir den Weg erhellt – sieben verschiedene Melodien, die dich inspirieren möchten. Vielleicht gibt es ja auch noch mehr Eingänge – forsche nach und entdecke sie selbst. Nur eines ist wichtig: Kein Tor ist »besser« als das andere. Uns stehen verschiedene Möglichkeiten zur Verfügung, diesen mächtige Wesen namens Feen zu begegnen. Statt zu denken, dass diese Tore sich auf verschiedenen Ebenen befinden, stelle dir einfach vor, dass du ständig von ihnen umgeben bist; es ist, als lebtest du in einem Zauberwald mit sieben schimmernden Türen, die dich locken. Je nach deiner Stimmung, körperlichen Verfassung und der Wahrnehmungsweise, auf die du dich gerade konzentrierst, kannst du dich zu jedem Zeitpunkt deines Lebens für jedes dieser Tore entscheiden.

Das Verborgene Königreich zu betreten ist ein beständiger Prozess, der niemals aufhört.

Die Reise wird zum Ziel. Indem du liest und lauschst, dir Gedanken machst und dir Fragen stellst, veränderst du dein Bewusstsein bereits so, dass es dieses Reich willkommen heißt. Und *das* ist der Schlüssel zum Feenreich – das wird dir letzten Endes das Tor öffnen. Du brauchst kein besonderes Wissen dazu. Und du brauchst auch nicht besonders begabt zu sein oder übersinnliche Fähigkeiten zu besitzen. Du musst nur den aufrichtigen Wunsch haben, durch das Tor hindurchzugehen. Gleichgültig, welches Tor du wählst (oder welches Tor *dich* wählt) – sobald du im Verborgenen Königreich angekommen bist, solltest du Gast und Schüler, Beobachter und Beteiligter zugleich sein. Vor allem aber: Tritt als Freund mit diesen Wesen in Kontakt. Denn darum geht es im Verborgenen Königreich – voller Güte und Freude mit einem anderen Wesen in Beziehung zu treten, ob dieses »andere« Wesen nun eine Fee, eine Blume, ein Farn oder eine Tanne ist. Liebevolle Beziehungen aufzubauen ist das Wesen des Feenreichs. Betritt das Verborgene Königreich als wahrer Freund; dann werden alle Wesen dort dankbar auf dich zukommen.

»Jedes Mal, wenn ein Kind sagt: ›Ich glaube nicht an Feen‹, stürzt irgendwo eine kleine Fee tot zu Boden.«
Sir James M. Barrie, 1860–1937, Peter Pan

Tor Nummer Eins

Den Feen Namen geben:
Ihre Gegenwart anerkennen

Jeder hat gern einen Namen. Ob das nun dein Onkel Willi ist oder dein neuer Welpe Max – Namen sind eine angenehme Art für uns Menschen, die Existenz von etwas oder jemandem zur Kenntnis zu nehmen. Doch im Verborgenen Königreich hat das Namengeben einen ganz anderen Sinn. Es bedeutet *nicht*, jede Pflanze, jede Blume und jeden Baum nach ihrer Gattung oder Art zu benennen. Die Wesen im Verborgenen Königreich haben nicht alle einen eigenen Namen. Sie brauchen diese Namen nicht so dringend wie wir, denn ihre Identität, ihr Sinn und ihr Ziel sind so klar und werden von ihnen so voll und ganz akzeptiert, dass es absolut keinen Grund gibt, sie voneinander zu trennen, indem man ihnen individuelle Namen gibt. Dennoch genießt jedes Lebewesen im Verborgenen Königreich unumschränkte Anerkennung. Und darum geht es, wenn wir ihnen Namen geben.

Dieses Namengeben ist nichts anderes als die Bereitschaft, zu akzeptieren, dass Feen wirklich existieren.

Ihnen Namen zu geben, ist das Tor, das Kinder am häufigsten benutzen. Kleinen Kindern fällt es leicht, die Existenz der Feen anzuerkennen. Ob sie nun im Garten hinter dem Haus in der Erde buddeln oder in der Schule traumverloren aus dem Fenster schauen und den Zweig eines Baumes betrachten – Kinder nehmen diese magischen Wesen mühelos wahr. Und dieses schlichte persönliche Zugeständnis – ja, ich weiß, dass du da bist – ist der Schlüssel zum Tor des Feenreichs.

Was geschieht, wenn man die Existenz der Feen anerkennt? Die Antwort ist ganz einfach: Nichts. Ja, du hast richtig gehört – es passiert nichts Spezielles. Es läuten keine Glocken und es explodiert auch kein Feuerwerk am Himmel. Doch wenn du Geduld hast (kleinen Kinder haben das alle im Grunde ihres Wesens), wird dir irgendwann etwas auffallen. Dieser Strauch, an dem du auf dem Weg zur Arbeit jeden Tag vorbeigehst, kommt dir plötzlich ... leuchtender vor. Die Ahornbäume an der Straße sind plötzlich viel schöner geworden. Und die Tulpe da drüben ... sieht es nicht fast so aus, als ... tanze sie?

Tue diese subtilen und doch sehr wichtigen Wahrnehmungen nicht als Unsinn ab.

Im Verborgenen Königreich ist alles subtil.

Um es wahrnehmen und an seinen Wundern teilhaben zu können, muss man sich mit dieser *Subtilität* vertraut machen und sich an sie gewöhnen. Wir haben uns alle schon so sehr an grelle Lampen und Scheinwerfer, an den Verkehrslärm der Großstadt, jähe Adrenalinstöße, nervenaufreibende Hetzjagden auf der Autobahn und atemberaubende Feuerwerke gewöhnt, dass wir im wahrsten Sinne des Wortes »die Feen vor lauter Bäumen nicht sehen«.

Die Wesen des Verborgenen Königreichs leben in einer leichteren, subtileren, weniger dichten, ruhigeren, einfacheren Welt.

Wir als »zivilisierte« Erwachsene müssen erst einmal lernen, den Lautstärkeregler unseres überreizten äußeren und inneren Lebens um ein paar Stufen herunterzudrehen, ehe wir überhaupt daran denken können, mit diesen Wesen in Kontakt zu treten.

Das Schöne an dieser Verlangsamung unseres Lebenstempos ist, dass dir plötzlich viele Dinge, die du bisher übersehen hattest, wunderschön vorkommen. Die uninteressante Hecke, an der du immer vorbeijoggst, bekommt plötzlich einen ungewöhnlichen »leuchtenden Schimmer«. Du bemerkst die kleinen weißen Wimpern deines jungen Hundes oder hörst das außergewöhnlich schöne Lied des einsamen Spatzen dort drüben im Baum. Wenn du beginnst, »dein Tempo zu verlangsamen« oder »ruhiger zu werden« und einfach nur zu schauen und zu lauschen, fangen deine Zellen an, ihr Schwingungsmuster zu verändern. Du beginnst mehr mit dem Verborgenen

Königreich mitzuschwingen oder »in Resonanz zu treten« (oder dich mit ihm zu »harmonisieren«). Auch in deinem Körper laufen tief greifende Veränderungen ab, ohne dass du es merkst. (Deshalb fühlen die Menschen sich häufig wie neugeboren, wenn sie Urlaub in der Natur machen. Für eine kurze Weile verschmelzen ihr Geist und ihr Körper mit dem Verborgenen Königreich.)

Durch dieses Tor zu gehen, hat auch noch einen anderen sehr wichtigen Vorteil: Je deutlicher du die Gegenwart der Feen erkennst, umso mehr kommt von deiner eigenen einmaligen Gegenwart zum Vorschein. Was ist mit »Gegenwart« gemeint? Dein Licht und deine Musik, die Schönheit und Wahrheit und Kraft, die nur dir allein gehören. Jeder Mensch auf diesem Planeten hat seine eigene, einmalige Gegenwart. Diese Gegenwart ist der physische Ausdruck deines Herzens – das Leuchten und die Wellenlänge, der Klang und das Gefühl der Liebe deines Herzens. Es gibt keinen Menschen ohne diese Gegenwart. Die Menschen halten ihre individuelle Gegenwart nur im Zaum; sie verdecken sie, maskieren sie, verstecken sie. Je mehr du die Gegenwart der Feen erkennst und anerkennst, umso mehr kommt von dir selbst zum Vorschein. Bildlich gesprochen: Wenn du diese Pflanze gießt, ernährst du damit gleichzeitig auf einer tiefen inneren Ebene dich selbst.

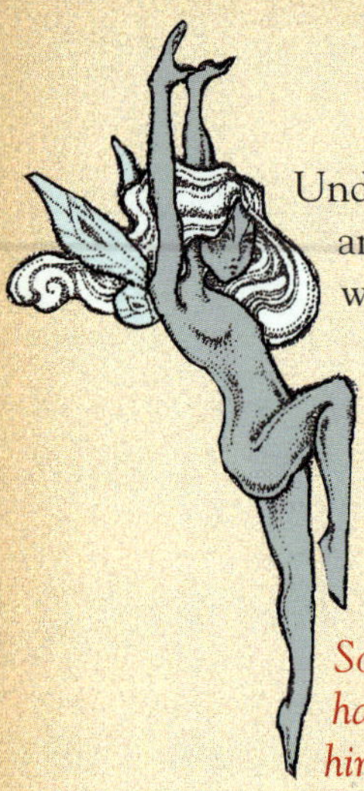

Und jedes Mal wenn du bereit bist, die Existenz der Feen anzuerkennen, erkennen sie auch dich an – ob du es nun weißt, spürst und siehst oder nicht. In dem Augenblick, in dem du ihnen deine von ganzem Herzen kommende Aufmerksamkeit schenkst, bist du in einen echten Dialog getreten. Dieser Kontakt ist keine Einbahnstraße – es kommt immer etwas zurück. Sei dir darüber im Klaren:

Sobald du dem Verborgenen Königreich »Hallo« sagst, hast du ein Tor geöffnet, durch das auch die Feen gern hindurchgehen.

Denke daran: Das Namengeben ist ein sehr, sehr wichtiges Tor. Unterschätze es nicht. Bemühe dich nicht, zuerst durch andere Tore zu gehen. Das Verborgene Königreich durch Anerkennung zu betreten, ist ein Akt, der dein ganzes Leben verändern wird.

Die Feen schlagen folgende Vorbereitung auf den Schritt durch dieses erste Tor vor:

Wähle eine ruhige, natürliche Umgebung, in der du dich wohl fühlst. Du kannst auf einer Parkbank unter einem Baum sitzen, warm angezogen durch eine verschneite Hügellandschaft wandern oder dich an einen sonnigen Strand legen. Mache es dir ganz bequem (du brauchst nicht unbedingt regungslos dazusitzen, sondern kannst auch umherschlendern). Trinke in kleinen Schlucken ein Glas kühles Wasser. Atme locker und entspannt. Und dann beginne zunächst einmal, deine eigene Gegenwart anzuerkennen. Beginne dir innerlich zu sagen: »Ja, ich weiß, dass *ich* hier bin.« Schau dich um; registriere und spüre *deine* Gegenwart auf der Parkbank. Es gibt keine besondere Art, das zu tun, keine »richtige Methode«. Es geht darum, so ruhig zu werden, dass du innerlich hellwach bist. Die Feen erwarten von dir die aufrichtige Bereitschaft, erst einmal *bei dir* zu sein, ehe sie dir ihre Identität offenbaren.

»Wenn ich Gärtnern zusehe, wie sie ihre Pflanzen etikettieren, schwöre ich bei allen Lebewesen dieser Welt, es mit der alten Art der Gärtnerei zu halten: Die Pflanzen sollen mich identifizieren.«
Robert Aitken

Feen sind zwar weder männlichen noch weiblichen Geschlechts; doch wegen ihrer immerwährenden Hingabe an Mutter Erde spricht man normalerweise in der weiblichen Form von ihnen.

Tor Nummer zwei

Berührung:
Kontaktaufnahme mit dem physischen Reich der Feen

In vielerlei Hinsicht und für viele Erwachsene ist dieses Tor das erste, das man durchschreitet. Jeder Mensch – wo auch immer er leben mag – hat schon einmal einen physischen Kontakt mit dem Verborgenen Königreich gehabt. Die Hausfrau in Los Angeles, die in ihrem Blumenkasten Küchenkräuter zieht, hat sicherlich schon einmal eine Fee berührt. Und der vielbeschäftigte Rechtsanwalt, der im Wald nach seinem Golfball suchte, hat dabei mit seinem Hosenbein todsicher eine Fee gestreift.

Deine Einweihung durch dieses Tor der Wahrnehmung dauert bereits so lange an, wie du mit der Natur in Kontakt stehst –

beispielsweise, wenn du in einem Park spazieren gehst oder eine Zimmerpflanze gießt.

Und doch: durch dieses Tor hindurchzugehen ist nicht so einfach, wie es auf den ersten Blick erscheinen mag. Es gibt nämlich verschiedene Ebenen, auf denen, beziehungsweise verschiedene Arten, auf die man das Verborgene Königreich berühren kann – so wie es oft viele Eingänge zu einem Gebäude gibt. Zuerst geht man durch den Haupteingang, dann durch die Tür zur Eingangshalle, dann durch die Tür, die zu den Büroräumen führt und schließlich durch die Tür zu einem ganz bestimmten Büro.

Durch das Tor der Berührung kannst du rasch »tiefer« ins Feenreich eindringen, sobald du ein paar wichtige Ideen begriffen hast.

Man kann einen Menschen oder einen Gegenstand auf viele verschiedene Arten berühren: liebevoll, achtlos, zärtlich, ungeduldig, leidenschaftlich, wütend, freudig, ängstlich usw. Denke einmal an die verschiedenen Arten, wie du jemanden in den Arm nehmen (oder umarmt werden) kannst. Wenn es sich um ein zartes kleines Kind handelt, das du sehr liebst, wirst du es mit großer Zärtlichkeit umarmen. Wenn es ein rüpelhafter, muskulöser Junge im Teenageralter ist, der dich nervt, umarmst du ihn gedankenloser und weniger fürsorglich. Ist es ein Erwachsener, gegen den du einen heimlichen Groll hegst, kann die Umarmung sehr steif und mechanisch ausfallen. Und ist es ein Mensch, bei dem du Angst hast, ihn zu verlieren, wirst du ihn wahrscheinlich sehr fest und sehnsüchtig umklammern und gar nicht mehr loslassen wollen.

Die gleichen Regeln gelten, wenn du das Verborgene Königreich berührst. Ahornblätter, Rosenblüten, Hecken und Baumstämme – sie alle ziehen es vor, mit Liebe und Sorgfalt berührt zu werden. (Obwohl der Stamm eines Mammutbaums vielleicht lieber eine kräftige Berührung mag, während eine gerade erst aufgegangene Blüte zärtlicher berührt werden möchte und

eine üppige, hügelige Wiese es gern hat, wenn du dich übermütig den Abhang hinunterkugeln lässt.)

Wichtig ist, was hinter der Berührung steckt und wie bewusst du dir deine Beziehung zu dem Wesen bist, das du berührst. Denke daran: Du berührst nicht einfach nur *irgendein* Blatt oder *irgendeinen* Baum. Du berührst *diesen* ganz besonderen, einmaligen Baum, der eine eigene Seele und eine eigene Gruppe verborgener Wesenheiten hat, die über ihn wachen.

Auf keinen Fall solltest du den Baum (oder die Feen) so behandeln, als zählten sie nicht.

Ein anderer wichtiger Punkt ist, dass du nicht unbedingt jedes Mal wenn du mit einer Pflanze in Kontakt trittst, glücklich oder fröhlich sein musst. Das Verborgene Königreich hat großes Verständnis für ehrliche Gefühle. Trauer, Zorn, Angst, Verzweiflung – was auch immer du empfindest, es ist völlig in Ordnung, solange du diese Gefühle nicht absichtlich dazu einsetzt, den Pflanzen wehzutun. Dich an den Stamm einer mächtigen Eiche zu lehnen, wenn du dir verloren oder verlassen vorkommst, schenkt dir ein wunderbares Gefühl der Geborgenheit. Neben einem Büschel wild wachsender Orchideen zu sitzen, ist ein sehr wirksames Mittel gegen Kummer und Verzweiflung. Oder gehe einmal durch einen Gemüsegarten, wenn du wütend bist und berühre die Pflanzen auf der Suche nach Trost und Unterstützung. Das ist eine fantastische Methode, Dampf abzulassen und wieder einen klaren Kopf zu bekommen. Alle Arten von Gemüsepflanzen sind übrigens sehr erdverbunden und können dir helfen, rasch über Zorn und Ärger hinwegzukommen. Die Feen, die die Gemüsegärten beherrschen, sind solide, herzhafte Wesen mit viel Sinn für Humor und fürs Praktische, die mit beiden Beinen auf der Erde stehen. Ein kaum bekannter Trick, wie man seinen Ärger überwinden kann, besteht darin, herzhaft in eine frisch gepflückte Mohrrübe zu beißen – natürlich erst, nachdem man sich vorher bei der Mohrrübenpflanze bedankt hat. Der Körper der Mohrrübe und der Geist der Fee, die über die Mohrrübe wacht, können deinen Ärger in sich aufsaugen und in »leichtere Kost« verwandeln. Probiere es einmal aus: Stell dich vor einen Spiegel, kaue wütend auf einer Mohrrübe herum – ohne das Grün vorher abzuschneiden – und schimpfe dabei aus vollem Hals auf die Person oder Sache, über die du böse bist. Du wirst staunen, wie rasch du wieder zu lächeln anfängst!

Berührung ist ein sehr reales, sehr sinnvolles Tor zum Verborgenen Königreich.

Ignoriere es nicht, nur weil es dir vielleicht albern oder kindisch vorkommt. Es gibt kaum einen erwachsenen Menschen, der nicht insgeheim gern seine Arme um einen

Baum schlingen würde, wenn er gerade etwas Schweres durchmacht. Probiere es einmal aus und sieh selbst, was geschieht!

Um das zweite Tor zu durchschreiten, schlagen die Feen folgenden Weg vor:

Setze dich neben eine prächtig gedeihende Zimmerpflanze, knie neben einem besonders schönen Blumenbeet nieder oder lehne dich an deinen Lieblingsbaum. Stelle dir die Pflanze oder Blume oder den Baum als ganz lebendiges Wesen vor, das auf dich reagiert wie ein geliebtes Haustier. Sprich leise zu der Pflanze und lege etwas Beruhigendes, Liebevolles, Fürsorgliches in deine Stimme. Stell dir vor, dass der Baum es mag, wenn du mit ihm sprichst und dich an ihn anlehnst; dass die Zimmerpflanze »schnurrt«, wenn du ihre Blätter streichelst; und dass das Blumenbeet Freude daran hat, wenn du seinen Duft einatmest. Stell dir vor, dass diese Ausdrucksformen der Natur dich brauchen, sich nach deiner Gesellschaft sehnen. Spiele in Gedanken so lange mit diesen Ideen, bis sie dir nicht mehr seltsam erscheinen.

Und dann sage dir: *Das ist die Wahrheit.*

*»Ein guter Anfang,
über die Natur nachzudenken:
… sprich mit ihr,
sprich mit den Flüssen,
den Seen,
den Winden,
wie mit Verwandten.«
John Lame Deer*

Tor Nummer drei

Lauschen:
Das Lied der Feenwelt hören

Seine Klänge gehören zum Schönsten, was im Verborgenen Königreich zu entdecken ist. Feen befinden sich ständig in einem Zustand des Feierns und Preisens. Deshalb ist der Rhythmus die Grundlage ihrer Sprache. Sie bringen ihre Magie und ihre Macht durch Gesang und Tanz zum Ausdruck; so kommunizieren sie mit den Blumen und Blättern im Garten, so helfen sie einer neuen Rosenknospe, sich zu öffnen und so geleiten sie einen jungen Grashalm durch die Erde ans Tageslicht. Die Feen *wissen* etwas, das die meisten erwachsenen Menschen vergessen haben: dass Leben nichts anderes ist als Rhythmus; dass das innerste Wesen eines jeden Geschöpfs Bewegung und Klang ist; und dass alle Lebewesen auf die Musik reagieren, die aus dem Herzen kommt.

Deshalb waren die berühmten Experimente, bei denen man Zimmerpflanzen klassische Musik vorspielte, so erfolgreich.

Feen sind der Chor der Natur!

Um dieses einfache und doch so herrliche Tor zu durchschreiten, fange, wenn du das nächste Mal einen Spaziergang durch einen Garten oder Park oder Wald machst, einfach einmal an, zuzuhören. Lausche ganz aufmerksam – nicht mit deinen physischen Ohren, sondern mit deinem »ganzen Ich«. Lausche mit deinem Magen, deiner Wirbelsäule, deinen Füßen, deinem Herzen. Im Verborgenen Königreich ist das Lauschen eine Ganzkörpererfahrung. Und das Schöne am Durchschreiten durch dieses Tors ist, dass der »Zuhörer« dabei allmählich lernt, mehr als nur sein menschliches Gehör einzusetzen. Denn die Ohren des Menschen sind genau wie seine Augen sehr begrenzte Sinnesorgane. Wenn man sich zu sehr auf einen dieser Sinne verlässt, verpasst man eine ganz andere Dimension. Lerne mit deinen »inneren Ohren« zu lauschen – mit Magen, Füßen, Rückgrat und Händen – und du wirst staunen, wie schnell du dann auch mit deinen Ohren besser hören kannst. (Wale und Delfine sind ein gutes Beispiel dafür. Sie »hören« mit dem Unterkiefer oder mit dem ganzen Kopf. Mit den stecknadelkopfgroßen Löchern an den Seiten ihres Kopfes, die wir vereinfachend als »Ohren« bezeichnen, hören sie kaum etwas.)

Aber erwarte nicht, kleine goldene Trompeten oder Feenharfen oder irgendwelche anderen »überirdischen« Klänge zu »hören«. Die Musik aus dem Verborgenen Königreich hört man in den Liedern und Klängen der Natur.

Wenn es das Verborgene Königreich nicht gäbe, könnten wir das Gezwitscher eines Spatzen gar nicht hören und auch das Meer zirpender Grillen nicht. Lausche nicht auf magische Klänge. Lausche lieber auf die Magie des Alltäglichen.

Für viele Menschen sind Morgengrauen und Abenddämmerung die besten Zeiten, um das Verborgene Königreich zu hören. Warum? Weil die Feen und die Natur im Morgengrauen erwachen – nicht unbedingt aus dem Schlaf, wie wir ihn kennen, sondern aus einer Zeit der Ruhe und Sammlung. Das Morgengrauen ist der richtige Zeitpunkt, um den neuen Tag zu feiern; es ist eine Zeit der Wiedergeburt – wie der Frühling. Die Abenddämmerung dagegen ist mehr wie der Herbst, eine Zeit, in der man zurückschaut und das Vergangene feiert. Beides sind besonders frohe Zeiten für die Lebewesen im Verborgenen Königreich und wenn du aufmerksam zuhörst – mit dem ganzen Körper – kannst du diese Freude hören und spüren.

Aber achte auch auf andere, weniger auffallende Geräusche: das Rauschen der Blätter, den Flügelschlag des Kardinals, das Gurren der Taube.

Jedes natürliche Geräusch – ob laut oder leise – führt dich tiefer in die Musik des Verborgenen Königreichs hinein.

Bleibe einmal vor einem prächtigen Bougainvilleenstrauch stehen und *lausche* dem leuchtenden, leidenschaftlichen Fuchsienrot seiner Blüten; oder stelle dich vor das dunkle, dichte Grün eines Farns im Urwald und höre dieser Farbe zu. Nicht nur die Farben sind unterschiedlich, sondern auch ihre

Klänge. Mit der Zeit wird dein Körper diesen Unterschied spüren und hören – und auf einen Zweig mit roten Rosenblüten ganz anders reagieren als auf ein Feld mit leuchtend weißgelben Margeriten und wieder anders auf eine hoch gewachsene, würzig duftende Kiefer. Horche auf diese Farben. Atme ihren Duft ein und lausche.

Das Schwierigste am *Lauschen* ist, dass dein Verstand dich dabei so oft zu unterbrechen versucht und dir sagen will: »Das ist albern« oder »Du hast doch gar nichts gehört« oder »Das ist doch nur ein zwitschernder Vogel.« Das liegt einzig und allein daran, dass dein Verstand ein bisschen neidisch ist. Danke ihm für seinen Kommentar und verlangsame dein Lebenstempo weiter; entspanne dich und lausche. Schon bald wirst du beginnen, den Rhythmus des Feenreichs zu hören. Wundere dich nicht, wenn du dann beim Gehen plötzlich ein wenig zu hüpfen beginnst. Denke daran – für Menschen mit einem geduldigen Herzen und einem flexiblen Geist ist die Musik immer gegenwärtig.

»Die Tempelglocke verstummt –
aber aus den Blüten hallt ihr Klang
immer noch nach.«
Basho

Tor Nummer vier

Sehen:
Das Wunder mit eigenen
Augen bestaunen

So aufregend es auch klingen mag: Eine Fee zu sehen, ist gar nicht die große Offenbarung, für die manche es vielleicht halten mögen. Für Menschen mit hellseherischen Fähigkeiten kann dieses Tor sicherlich eine sehr beflügelnde Erfahrung sein. Doch Erwachsene wollen sich zu oft von ihrem Gesichtssinn bestätigen lassen, was ihr Herz bereits weiß. Und genau aus diesem Grund zeigen die Wesen aus dem Verborgenen Königreich sich den Menschen nicht oft.

Den Feen liegt nämlich am Herzen, die Erwachsenen dazu zu inspirieren, dass sie sich weiterentwickeln; und sie wissen, wie wichtig es dabei ist, auf sein Herz zu vertrauen.

Unsere Augen sind nur ein Sinnesorgan – noch dazu ein begrenztes. Du darfst nicht vergessen, dass *dieses* Tor nur *eines* von vielen ist. Es ist nicht *das* Tor, nach dem man unbedingt suchen muss und auch nicht der höchste Weg. Im Feenreich ist Sehen nicht unbedingt gleichbedeutend mit Glauben.

Ein anderer interessanter Aspekt des Sehens ist, dass sich in dem, was wir sehen, oft nur unsere eigenen Vorstellungen widerspiegeln und nicht die objektive Realität. In Wirklichkeit besteht der Körper einer Fee aus Licht – aus mächtiger, pulsierender kosmischer Energie. Doch Männer, Frauen und Kinder haben die Feen im Lauf der Jahrhunderte in verschiedenen Kostümen (je nach Zeitalter) und sogar mit verschiedenen Frisuren »gesehen« (je nachdem, was gerade in Mode war). Das Interessante daran ist, dass eine ganz klare Beziehung zwischen den Vorstellungen einer Person und dem Wunsch einer bestimmten Fee besteht, gesehen zu werden.

Wenn eine Fee *möchte*, dass du sie optisch siehst (und für die meisten Feen ist das gar nicht so etwas Besonderes), kann sie ihren Lichtkörper genau die bildlichen Vorstellungen »annehmen« lassen, die du von ihr hast. Deshalb sahen Menschen aus Kulturen, die Angst vor den Elementen hatten, früher oft »grauenhafte, Furcht erregende« Feenwesen.

Doch dank unseres wachsenden Bewusstseins und Verständnisses dafür, wie unser Denken unser Sehen und Fühlen beeinflusst, können wir uns heute zum Glück darauf konzentrieren, das Verborgene Königreich so zu sehen, wie es ist – rein und ohne Verzerrungen. Wenn das Sehen für dich eine wichtige Rolle spielt und du ein starkes Bedürfnis hast, »die Wahrheit zu sehen«, dann kann der Weg durch dieses Tor für dich sehr fruchtbar sein. Du kannst üben, die Dinge rein und ohne Verzerrungen zu sehen, indem du Gegenstände in deiner Umgebung betrachtest und dir dabei bewusst machst, was für Ansichten, Vorstel-

lungen und Gefühle du mit ihnen verbindest. (»Ich glaube, dass dieser Tisch ein fester Körper ist.« »Ich glaube, diese Statue ist sehr, sehr schwer.«) Diese Übung hat große Ähnlichkeit mit einer Meditation – nur dass du dich dabei nicht auf deinen Atem oder deinen Nabel konzentrierst, sondern auf einen Gegenstand außerhalb deiner selbst, wo du das unablässige Geschwätz deiner Gedanken registrierst. Denke daran: Solange dir die begrenzenden Vorstellungen, die zwischen dir und der Realität stehen, nicht deutlich bewusst werden, wird es sehr schwierig für dich sein, eine Fee zu sehen.

»In einem Sandkorn eine Welt und
in einer Wildblume den Himmel zu sehen …«
William Blake

Sie sind nicht immer winzig klein und niedlich. Manche Naturgeister überragen den größten Mammutbaum und der stärkste Muskelprotz würde zitternd vor ihnen auf die Knie fallen.

Tor Nummer fünf

Sein:
Hingabe an die Ehrfurcht

Dort, wo das Tor des Namengebens aufhört, beginnt das Tor des Seins. Wenn du immer intensiver erkennst und akzeptierst, dass es Feen wirklich gibt, wirst du merken, wie sich in deinem physischen Körper etwas verändert. Manche Erwachsenen spüren das in der Nabel-/Solarplexusgegend, andere im Herzen oder in der Wirbelsäule, wieder andere in den Augen oder im Gehirn. Doch du wirst diese Veränderung auf jeden Fall deutlich merken.

Du beginnst jetzt loszulassen und dich ganz
diesem wunderbaren Reich hinzugeben –
du bist im Begriff, wahre Ehrfurcht zu erleben.

Das Tor des Seins zu durchschreiten ist eine physische Einstimmung auf das Feenreich. Dein Körper und dein Geist gehen jetzt in Resonanz mit den Schwingungen des Verborgenen Königreichs. Der Weg durch dieses Tor erfordert überhaupt kein geistiges Wissen, so wie man nicht unbedingt etwas zu verstehen braucht, um Ehrfurcht zu empfinden. Beobachte einmal, wie fasziniert ein Kind auf die Wellen starrt, die der morgendliche Regen auf die Oberfläche eines kleinen Tümpels zaubert; erinnere dich daran, wie es war, als du deine erste Giraffe, dein erstes Zebra oder den ersten aus dem Wasser springenden Buckelwal sahst; was für ein Gefühl es war, zum ersten Mal ein neugeborenes Kind in den Armen zu halten oder deiner Katze bei der Geburt ihrer Jungen zuzusehen. Dem Körper fällt es überhaupt nicht schwer, zu begreifen, was Ehrfurcht ist (und deshalb begreift er auch das Wesen dieses besonderen Tors). Nur wenn dein Verstand versucht, die Führung oder Kontrolle zu übernehmen, wird es dir schwer fallen, durch dieses Tor zu gehen. Denke daran: Dein Verstand dient deinem Herzen – *nicht* umgekehrt.

Wenn es dich zu diesem Tor hinzieht, raten die Feen dir:

Suche dir eine schöne Wiese oder Waldlichtung oder einen heiligen Ort in der Natur aus (das heißt, einen Ort, der *dir* heilig ist). Lege dich auf die Erde. Schließe die Augen. Lausche, fühle, atme. Versenke dich in die Geräusche, Gerüche und Gefühle deiner Umgebung. Atme entspannt und gleichmäßig. Spüre deinen Herzschlag. Öffne deine Arme und lasse sie an den Seiten herunterhängen. Verschränke die Beine nicht, sondern liege ganz still und regungslos in einer offenen Haltung da. (Wenn es bequemer für dich ist, zu sitzen, lehne deinen Kopf und deine Arme in einer Haltung »verletzlicher Ehrfurcht« zurück.) Bleibe lange so sitzen oder liegen. Bemühe dich nicht, irgendetwas Bestimmtes zu tun oder zu denken. Achte einmal darauf, an welcher Stelle deines Körpers du dich am lebendigsten fühlst. In der Magengegend? Oder in der Brust? Spürst du ein Kribbeln in den Füßen oder ein leichtes Schwindelgefühl? Lass dich ganz von diesem Gefühl überwältigen. Stell dir einen Fluss aus reinem weißen Licht vor, der dich emporhebt und mit sich fortträgt, bis du schließlich völlig sicher und gefahrlos einen donnernden Wasserfall hinunterstürzt. Spüre den körperlichen Empfindungen nach, die dabei in dir entstehen. Fühle den Beginn wahrer Ehrfurcht. Sobald du bereit dazu bist, schlage langsam die Augen auf. Willkommen im Verborgenen Königreich!

»Liege faul mit mir im Gras …«
Walt Whitman

Feen schlafen niemals; sie ruhen sich nur aus. (Zum Schlafen haben sie keine Zeit; dazu gibt es zu viel zu feiern!)

Tor Nummer sechs

Wissen:
Eintritt in die Stille

Viele Erwachsene verwechseln das Tor des Seins mit dem Tor des Wissens. Dabei sind das zwei völlig verschiedene Arten, das Verborgene Königreich wahrzunehmen. Sein ist – wie bereits beschrieben – eine Haltung rückhaltloser Hingabe. Sein bedeutet, in einen Ozean der Freude und des Staunens einzutauchen. Wissen ist ein viel ruhigerer, gelassenerer Zustand. Dieses Tor erreicht man normalerweise erst in den späteren Stadien, wenn man schon durch etliche andere Tore hindurchgegangen ist. Wissen ist ein Zustand kristallener Klarheit, überwältigender Stabilität. Es ist wie einer jener Wintertage, an denen der Himmel tiefblau und die Sonne eine scharfe gelbe Scheibe ist.

Für Menschen, die das Glück haben, durch dieses Tor gehen zu dürfen, senkt sich über alles eine tiefe Stille.

Sie haben viel weniger physische Erlebnisse als beispielsweise beim Sein und Berühren. Oberflächlich betrachtet, bietet das Wissen uns kaum Gewissheiten. Wer dieses einmalige Tor durchschreitet, kann sich nicht auf seinen Gesichtssinn oder seine Gefühle oder irgendwelche Klänge verlassen. Deshalb ist dies eines der letzten Tore. Nur ein Mensch mit großer Erfahrung und tiefem Verständnis kann durch dieses Tor ins Feenreich gelangen.

Für die beiden letzten Tore – Wissen und Teilen – gibt es keine Übungen, keine Richtlinien, keine spezielle Durchgangsmethode mehr. Menschen, die diese Tore durchschreiten, sind meist schon »ältere« Reisende, die viele Erfahrungen (auf der Reise des Lebens) gesammelt, Menschen, die viel durchlebt haben – Kummer wie Freude. Die Männer, Frauen und Kinder, die das Tor des Wissens durchschreiten, sind sehr tapfer, denn dieses Tor betritt man ganz allein, ohne Hilfe. Man muss sich in der Stille seines eigenen Ichs zu Hause fühlen, im Schweigen der Verletzlichkeit, in der Leere der Vertrautheit. Der Gang durch das Tor des Wissens ist eine ganz private, persönliche Erfahrung, die man nicht erklären und auch nicht mit einem anderen Menschen teilen kann. Er geht über jeden Glauben und jedes Vertrauen hinaus. Und doch ist der Glaube der Menschen, die das Feenreich durch das Tor des Wissens betreten, tiefer als das Meer – und ihre Fähigkeit zu vertrauen, ist noch viel tiefer.

»Die Wasservögel kommen und gehen,
ohne eine Spur zu hinterlassen,
ohne einem Weg zu folgen.«
Dogen Kigen

Tor Nummer sieben

Teilen:
Die Inspiration zum Tanz

Überraschenderweise ist Wissen aber nicht das letzte Wahrnehmungstor, das ins Verborgene Königreich führt. Es gibt noch einen letzten oder tiefsten Eingang: Das ist das Tor des Teilens. Menschen, die dieses Tor durchschreiten, haben schon viele Erfahrungen und Herausforderungen durchlebt; sie sind schon oft und auf vielen verschiedenen Wegen mit dem Verborgenen Königreich in Kontakt getreten. Genau wie beim Tor des Wissens brauchen auch diese Menschen nichts mehr zu beweisen. Sie müssen sich keine Notizen mehr machen, keinen engen Freunden mehr von ihren Erfahrungen erzählen. Doch beim Tor des Wissens fehlt noch ein letzter Schritt: nämlich, dass wir dem Verborgenen Königreich unsere eigenen, einmaligen Geschenke anbieten.

Beim Tor des Teilens herrscht eine ungeheure Großzügigkeit – nicht nur vonseiten der Menschen, sondern auch vonseiten der Feen.

Denn beide nehmen als gleichberechtigte Partner an dem Großen Tanz teil. Dieses Tor ist ein Ort, wo Mensch und Fee einander großzügig an ihrem Wissen und ihrer Liebe teilhaben lassen – ohne geheime Regeln und Vorschriften. Das lässt sich am besten mit dem Bild zweier Tanzpartner beschreiben. Beim

Tanzen müssen einem die Bewegungen des Partners sehr bewusst sein; und doch steht man fest mit dem Innersten seines eigenen Wesens und mit all den einmaligen Dingen und Qualitäten in Verbindung, die nur man selbst dem anderen geben kann. Tanz entsteht aus der Verbindung zweier Tänzer, der Verschmelzung ihrer beider Talente. (Genau wie zwei voneinander getrennte Stimmen, die in Harmonie miteinander verschmelzen, ein überwältigend schönes Lied hervorbringen können.)

Nach diesem letzten Tor suchen alle Feen
und alle Menschen – bewusst oder unbewusst.

Es ist der Ort des Austauschs, der mitfühlenden Kooperation – eine wahre Feier der Gemeinsamkeit. Teilen ist das wahre Tor der Liebe. Es ist ein Eingang zum Feenreich, für den man sich nicht bewusst entscheidet – man steht einfach pötzlich davor. Wer dieses Tor betritt, hat in seinem Leben einen Punkt erreicht, an dem »Geben« und »Nehmen« in einem ausgewogenen Verhältnis zueinander stehen. Er ist fähig, ebenso viel zu empfangen und anzunehmen, wie er selbst beisteuern kann. Für einen solchen Menschen ist Güte etwas Selbstverständliches; und Verletzlichkeit ist die Quelle seiner Kraft. Der ganz besondere Mensch, der das Tor des Teilens durchschreitet, hat gelernt, gelas-

sen zu seinen eigenen Verletzungen und Unzulänglichkeiten zu stehen. Er verbirgt nichts und hat daher auch keine Angst mehr. Die Erwachsenen, die durch dieses Tor gehen, haben ihr Herz schon oft aufs Spiel gesetzt und oft verloren; und doch sind sie letzten Endes als Sieger aus diesen Erfahrungen hervorgegangen.

Das ist das Tor, das wir eines Tages alle betreten und durchschreiten werden – nicht weil wir müssen oder weil es gut oder richtig ist, sondern weil wir uns das tief in unserem Herzen mehr wünschen als alles andere.

»Im Schatten der Kirschbaumblüte
gibt es keinen Fremden.«
Kobayashi Issa

Teil Zwei

Wie Feen ihre Zeit verbringen

Was in ihnen vorgeht

Lob: das Samenkorn, aus dem alles entsteht

Ist dir schon einmal aufgefallen, wie sehr junge Hunde und kleine Kinder sich freuen, wenn sie gelobt werden? Du brauchst nur etwas ehrlich Liebes und Nettes zu ihnen zu sagen und sofort spitzen sie die Ohren und wedeln mit dem Schwanz, beziehungsweise strahlen über das ganze Gesicht. Natürlich gilt das Gleiche im Grunde genommen auch für Erwachsene. Ihnen fällt es nur schwerer, zuzugeben, dass sie Lob brauchen.

Im Verborgenen Königreich ist Lob der Mittelpunkt und die Grundlage von allem.

Es ist der Stoff, aus dem die Existenz der Feen besteht, ein elementarer Bestandteil ihrer Welt – wichtiger noch als Luft oder Sonnenlicht.

Lob ist nichts anderes als heiliger Beifall – das kosmische Lied, das alle Lebewesen und Dinge auf dieser Erde singen. Lob ist der Grund, warum das alles existiert. Ohne Lob könnte es das Leben, so wie wir es kennen, überhaupt nicht geben. Aber Lob ist keine Idee und auch kein philosophisches Konzept. Lob ist vielmehr das Samenkorn, aus dem alles in diesem Universum entsteht.

Aufgabe, Sinn und Daseinszweck der Feen besteht darin, zu loben, – der physischen Existenz Beifall zu spenden, die Natur zu ehren, anzubeten und zu feiern. *Irgendjemand* muss der Pracht der Wüstenrose und der majestätischen Schönheit des Mammutbaums ja schließlich seine Bewunderung zollen. Jemand muss beim Anblick der kleinsten Spinne und des winzigsten Grashalms vor heiligem Entzücken in die Luft springen. Jemand muss seinen Kopf in tiefer Wertschätzung vor dem krachenden Donner und der strahlenden Morgendämmerung neigen. Die Feen haben diese göttliche Mission vorbehaltlos auf sich genommen. Sie loben nicht einfach nur, sie *sind* Lob – lebendige Wesen voller Lob.

Lob ist für die Erwachsenen durchaus nichts Unbekanntes; und sie haben die Fähigkeit zu loben auch nicht verloren. Nur der *Wunsch* oder die *Bereitschaft* zu loben ist ihnen leider abhanden gekommen.

Zu viele Jahrhunderte lang war diese ursprüngliche, elementare Wahrheit bei Männern und Frauen in Vergessenheit geraten. Deshalb ist es so dringend nötig, dass die Erwachsenen überall auf der Welt ihre Aufmerksamkeit jetzt auf das Verborgene Königreich richten. Nach Ansicht des Feenreichs liegt der Grund für die Umweltkrise unserer Erde in dieser verges-

senen Fähigkeit des Lobens – darin, dass uns erwachsenen Menschen die Gabe des Feierns verloren gegangen ist. Denn wenn die Erwachsenen die majestätische Schönheit des Lebens auf dieser Erde nicht mehr preisen, ihr keinen Beifall mehr zollen, beginnt sie zu verkümmern und zu sterben. Alles Leben muss wahrgenommen und gewürdigt werden. Alles Leben braucht Lob.

Die Feen wünschen sich von dir – und von allen Erwachsenen – nichts sehnlicher, als dass du dich wieder daran erinnerst, wie lebenswichtig dieses Lob ist und dass du deine Fähigkeit, zu feiern und zu applaudieren, wiederentdeckst.

Weil das so wichtig ist, offenbart das Verborgene Königreich den Erwachsenen nun zum ersten Mal seine drei heiligen Gesetze, außerdem ein grundlegendes Prinzip und eine goldene Regel. Die Feen hoffen, dass die Erwachsenen auf der ganzen Welt das Samenkorn, aus dem alles im Universum entsteht, zurückgewinnen können, indem sie diese jahrtausendealten Regeln und Grundsätze lernen, begreifen und in die Praxis umsetzen. Auf den ersten Blick kommen dir diese Regeln vielleicht zu banal und einfach vor. Aber täusche dich nicht: Je einfacher eine Wahrheit ist, umso tiefer ist sie häufig. Also lass dir Zeit. Sei nicht enttäuscht, wenn das alles für dich gar keinen Sinn ergibt.

Lasse es zuerst deinen Körper verstehen und habe Geduld mit deinem Gehirn. Und denke vor allem daran, was die Feen (diejenigen, die über Blütenknospen wachen, die gerade aufzubrechen versuchen) gern sagen: »Entspanne dich ... Wozu die Eile?«

»Die Schönheit der Bäume,
die Milde der Luft,
der Duft des Grases –
all das spricht zu mir.

Der Gipfel des Berges,
der Donner des Himmels,
der Rhythmus des Meeres –
all das spricht zu mir …

Und mein Herz erhebt sich in
die Lüfte.«

Häuptling Dan George

Ein paar Worte über Gebetslieder …

Da Loben, Verherrlichen und Feiern zum innersten Wesen des Verborgenen Königreichs gehören, ist es nur logisch, dass alles, was die Feen tun, zum Gesang wird. Ihre Arbeit ist Gesang, ihr Gebet ist Gesang und auch ihre Geburt und ihr Tod sind Lieder.

Ein Gebetslied ist ein von strahlendem Licht erhellter Kontakt und Austausch zwischen zwei oder noch mehr Lebewesen.

Gebetslieder sind Dialoge, Tänze, Meditationen im Chor – und sie sind alle als andächtiges Gebet gedacht. Oft finden solche Dialoge zwischen einer einzelnen Fee und einem der Wesen statt, die ihr anvertraut sind. Doch Gebetslieder können auch ein ganzes Volk von Blumen einschließen, die allen Lebewesen auf der Erde etwas vorsingen.

Das folgende Gebetslied habe ich einmal am frühen Morgen zwischen einer herrlichen Orchideenfee und einer verängstigten jungen Blütenknospe belauscht. Übe, mit deinen inneren Ohren zu lauschen …

ORCHIDEENFEE
Du bist schön.

JUNGE BLÜTENKNOSPE
Ich bin schön.
(Und die Knospe öffnet sich ein ganz kleines bisschen …)

ORCHIDEENFEE
Du bist großmütig.

JUNGE BLÜTENKNOSPE
Ich bin großmütig.
(Die Knospe öffnet sich noch weiter …)

ORCHIDEENFEE
Du kannst nie aufhören zu wachsen.

JUNGE BLÜTENKNOSPE
Ich kann nie aufhören zu wachsen.
(Und die Knospe blüht auf und singt der Sonne ihr Lied …)

Die Feen empfehlen dieses morgendliche Gebetslied allen Erwachsenen, die in ihrem Leben gerade eine schwierige Zeit durchmachen. Stelle dich ganz ruhig vor einen Spiegel. Sprich zuerst als mächtige Orchideenfee – voller Kraft und Mitgefühl. Dann antworte als verletzliche junge Blütenknospe. (Natürlich kannst du auch ein eigenes Gebetslied erfinden. Aber denke daran: Das Wesen aller Gebetslieder ist Güte.)

Tue das jeden Morgen dreimal. Bald wirst auch du aufblühen und der Sonne dein Lied singen!

Die drei heiligen Gesetze

Wenn wir von den Gesetzen sprechen, die das Verborgene Königreich regieren, hat das nichts mit der Fee Tinkerbell zu tun, die ein Gewehr mit sich herumschleppt und klitzekleine Strafzettel verteilt. Diese Gesetze erklären einfach nur, wie die Dinge funktionieren. Genau wie unser Schwerkraftgesetz beschreiben sie eine Tätigkeit oder Eigenschaft in der Natur und im Verborgenen Königreich.

Das Heilige Gesetz der Macht beschreibt die Bereitschaft, zu wachsen.

Das Heilige Gesetz des Mitgefühls beschreibt die Bereitschaft, andere Dinge und Lebewesen einzubeziehen.

Das Heilige Gesetz der Schönheit beschreibt die Bereitschaft, sich zu ergeben.

An diesen Gesetzen gibt es nichts zu rütteln;
man kann sie nicht ändern oder brechen.

Jedes Lebewesen und jedes Ding in der Natur akzeptiert und ehrt sie. Nur die Menschen haben sich – bewusst oder unbewusst – dazu entschlossen, sie zu ignorieren. Beachte diese Gesetze genau.

Wenn du aktiv mit den Heiligen Gesetzen der Macht, des Mitgefühls und der Schönheit arbeitest, kannst du die

Struktur deines eigenen Lebens und letzten Endes sogar die Struktur der gesamten menschlichen Existenz verändern. Die Feen verlangen wirklich nichts anderes von dir, als dass du es versuchst.

I.
Das Heilige Gesetz der Macht

Im Verborgenen Königreich wird Macht ganz anders definiert als in der Welt der Menschen. Bei den Menschen misst man Macht an Leistungen, Endergebnissen, erzielten Punkten, eroberten Völkern und an all den Dingen, die man unter seine Kontrolle gebracht hat. Deshalb ist Macht in der Erwachsenenwelt auch so etwas Vergängliches. Der Turm kann jederzeit in sich zusammenstürzen; wir können das Spiel verlieren; das Volk kann sich gegen seinen Herrscher auflehnen.

Im Verborgenen Königreich dagegen entspringt wahre Macht der Fähigkeit, sich Mühe zu geben, sich zu verändern und zu wachsen.

In dem Augenblick, in dem ein Lebewesen aufhört, zu wachsen oder sich zu verändern, hat es schon seine wahre Macht verloren.

Doch um das Heilige Gesetz der Macht wirklich verstehen zu können, musst du erst einmal begreifen, dass Wachstum für die Feen ein Prozess ist, der niemals endet. Wachstum ist nichts Endliches. Das Verborgene Königreich begreift alles in der Natur als Teil eines Zyklusses – den zu- und abnehmenden Mond, den Wechsel der Jahreszeiten, das Abwerfen der alten Haut oder Schale. So etwas wie »das Ende« gibt es nicht. Es gibt nur End*en* – Teile des Wandlungsprozesses, die in andere Teile übergehen. Und obwohl der Tag in die Nacht übergeht, preisen und feiern wir die Abenddämmerung nicht einfach nur als Ende des Tages, sondern wir ehren damit die Schönheit des Tages selbst, die in die Schönheit der Nacht übergeht. Mit anderen Worten: Das Leben im verborgenen Königreich ist niemals »schwarz-weiß«; man kann die Dinge nicht voneinander trennen und fein säuberlich in Schubladen einordnen. Das gilt übrigens ebenso für die Welt der Menschen, obwohl Menschen (vor allem Erwachsene), daran glauben, alles voneinander trennen zu können und zu müssen – Gott und Mensch, Kinder und Erwachsene, Tag und Nacht, Mut und Angst, Glück und Trauer und so weiter.

Sobald ein Erwachsener zu akzeptieren beginnt, dass alles ein Teil von etwas anderem ist, dass alles Leben in einem ständigen Wachstums- und Veränderungsprozess begriffen ist, zeigt sich seine wahre Macht.

Und dann kann er auch beginnen, sich vielleicht zum ersten Mal in seinem Leben wirklich zu entspannen.

Dieses tiefe Verständnis von Macht und Wachstum schenkt dem Verborgenen Königreich sein Grundgefühl der Zeitlosigkeit.

Ein wachsender Baum, eine neugeborene Blüte, eine reifende Frucht kann und will sich nicht »beeilen«. Alles läuft nach einem inneren Rhythmus, einer inneren Zeiteinteilung ab. Und da es kein letztes Ende, keinen Zielort und kein Endresultat gibt, kann man jeden einzelnen Schritt dieses Wachstumsprozesses feiern, loben und ehren.

Mit anderen Worten: Ein kahler Ast im Winter verdient genauso viel Lob wie ein üppig mit Früchten und Blättern behangener Zweig; einer winzig kleinen, farblosen Elritze steht ebenso viel Beifall zu wie einer Regenbogenforelle in ihrer ganzen Farbenpracht. Und ein kleines Büschel Löwenzahn hat ein genauso großes Fest verdient wie eine riesige Wiese mit blühenden Blumen.

Das Verborgene Königreich wünscht sich nichts sehnlicher, als dass die Menschen diese Idee des Wachstums verstehen mögen. Wenn die Erwachsenen *jeden einzelnen Schritt des Weges* loben und ehren und feiern könnten – dann träte Mitgefühl an die Stelle der Habgier und ehrliche Freude an die Stelle der Angst.

Das ist kein Witz. Es ist auch keine psychologische Theorie, die zur Zeit gerade »in« ist und kein vorübergehender New-Age-Tick. Wenn man begreift, dass alles Leben in einem ständigen Entwicklungsprozess begriffen ist und immer sein wird, dass es immer weiterstrebt und sich ausdehnt, immer weiterwächst und neue Dinge erschafft, hat man ein großes, großes Geheimnis verstanden. Und dann besitzt man die einzig wahre Macht, die es gibt.

Die Feen bitten dich:

Begreife, dass jedes Lebewesen und jedes Ding ein Teil aller anderen Dinge und Lebewesen ist. Der Baum kann nicht von der Erde getrennt sein, der Fisch nicht vom Fluss und der Habicht nicht vom Himmel. An welchem Punkt deiner Reise du dich auch gerade befinden magst – du bist immer noch in einem Wachstumsprozess begriffen, du kommst niemals am »Ende« an. Wenn du in deinem Leben gerade Schmerz und Entbehrungen duchleiden musst, denke daran, dass es überall um dich herum trotzdem immer noch Einfachheit, Schönheit und Freude gibt. Bitte schließe diese Dinge nicht aus deinem Leben aus. Bitte glaube nicht, dass sie so lange warten, bis deine Schmerzen »aufgehört« haben. Wenn du mit Armut zu kämpfen hast, dann suche nach der Fülle und dem Reichtum, den es in deinem Leben bereits gibt; wenn deine Herausforderung in einer Krankheit besteht, dann finde die Orte in deinem Inneren und um dich herum, die noch bei blühender Gesundheit sind. Strecke die Arme nach dem Verborgenen Königreich aus – gleichgültig, wo du gerade bist oder wie du dich gerade fühlst.

Lasse dir vom Reich der Feen beweisen, dass es immer Happy Ends gibt – nicht ein einziges, sondern viele.

Ein Lied in der Abenddämmerung

Der Tag, halleluja, der Tag.
Er ist niemals zu Ende,
er ist nie fertig gesungen, nie fertig getanzt.
Der Tag, halleluja, der Tag.

Preise die Sterne, preise die Monde,
preise die schimmernde, glitzernde Milchstraße.

Der Tag, halleluja, der Tag.

II.
Das Heilige Gesetz des Mitgefühls

Dieses Gesetz ist für die Menschen am leichtesten zu verstehen. Trotz der vielen Jahrhunderte der Gewalt und Grausamkeit, die die Menschheit geschaffen hat, gab es immer einen harten, starken Kern von Erwachsenen, die nach diesem Heiligen Gesetz des Mitgefühls handelten – und es wird sie immer geben. Diese Erwachsenen sind die Pioniere, die dem Rest der Menschheit den Weg zeigen.

Diese Erwachsenen haben verstanden, dass das Heilige Gesetz des Mitgefühls *weniger mit Liebe und mehr mit Toleranz zu tun hat*, als die meisten Menschen begreifen.

Mitgefühl wird in der Natur und im Verborgenen Königreich als Akt des Einbeziehens definiert.

In einem üppig gedeihenden Wald gibt es zum Beispiel unzählige Pflanzen- und Tierarten. Und es gibt unzählige gesunde und verwesende Lebensformen. Alle sind ein Teil dieses Waldes. Die Giftschlange lebt neben dem zerbrechlichen Schmetterling. Die Fleisch fressende Venusfliegenfalle wächst neben der schönen, zarten Orchidee. Der Wald lebt das Gesetz des Einbeziehens. Selbst wenn Blätter und Baumstämme absterben und auf den Waldboden fallen, werden ihre Körper wieder in den Wald aufgenommen. Ihr Tod ernährt den Wald. Aus dem Lebenszyklus des Waldes wird absolut nichts ausgeschlossen.

Leider haben die meisten Menschen dieses heilige Gesetz des Einbeziehens vergessen. In jeder Zeit, in jeder Kultur gibt es Menschen, die gehasst oder ausgeschlossen werden, weil sie anders aussehen oder anders empfinden oder anders riechen; und es gibt Menschen, die gehasst oder ausgeschlossen werden, weil ihre äußere Schale am Verwesen ist – der Waldboden der Menschheit nimmt seine Körper nicht wieder in sich auf. Bei uns Menschen werden diese Leute in Gefängnisse und Krankenhäuser, in die grauen Straßen der Slums und in die Gosse abgeschoben. All das ist ein Akt des *Ausschließens* – und Ausschluss ist das Grundprinzip des Hasses.

Die Feen bitten dich:

Beginne Dinge und Wesen in dein Leben einzubeziehen. Versuche nicht, alles und jeden zu lieben (diese Idee ist inzwischen schon so abgedroschen, dass die meisten Menschen unbewusst vor dem Wort Liebe zurückschrecken). Beginne einfach, die Menschen und Dinge, die du *ausschließt*, anzuschauen und dich auszudehnen, als seist du selbst der ganze Wald und als seien sie einfach eine Pflanze oder ein verfaulendes Blatt. Lasse sie im Reich deines Waldes leben; gestatte ihnen, in deinem Schatten zu existieren, sich an deinen gesunden, kräftigen Baumstamm zu lehnen. Das bedeutet nicht, dass du jetzt alles und jeden umarmen musst (die Maus ist sich der Existenz der Schlange wohl bewusst; sie akzeptiert sie zwar, hält sich aber trotzdem in wachsamer Entfernung von ihr). Es bedeutet einfach nur, dass du eine Haltung des *Einbeziehens* einnehmen sollst. Beginne das auch mit deinen eigenen Eigenschaften zu tun. Was gibt es an dir selbst, was du hasst oder ausschließt? Fange an, diesen Dingen zu erlauben, in deinem Wald zu leben.

»Natur – die zärtlichste aller Mütter,
ist mit keinem ihrer Kinder ungeduldig.«
Emily Dickinson

Gebetslied einer kleinen Eichel

(Diesmal stimmten der ganze Wald und alle Feen, die über ihn wachen, in den Chor ein.)

EICHEL
Heute ist der Tag des Anfangs,
Heute ist der Tag der ersten Male,
Heute ist der Tag der leidenschaftlichen Güte,
Heute ist der Tag, an dem die Welt mein Eigen wird.

WALD
Preise deine Anfänge,
Preise deine ersten Male,
Preise deine leidenschaftliche Güte,
Heute ist der Tag, an dem deine Sonne immer scheint.

III.

Das Heilige Gesetz der Schönheit

Dieses Gesetz ist für erwachsene Menschen vielleicht am schwierigsten zu verstehen. Denke so lange über dieses heilige Gesetz nach, wie du brauchst, und erkenne: Dein Verstand wehrt sich vielleicht noch dagegen, aber dein Körper und dein Herz haben es schon verstanden.

Was macht die Tigerlilie so schön? Was macht die blühende Wiese so verlockend? Es sind nicht ihre Farben oder Düfte oder ihre Beschaffenheit. Es liegt an der vollkommenen, totalen Verletzlichkeit der Lilie; es liegt an der Bereitschaft der Blumen, sich allem zu ergeben, was existiert. Das ist die Quelle aller Schönheit in der Natur.

In der Natur gibt es kein Lebewesen und kein Ding, das sich nicht in einem ständigen, vollkommenen Zustand der Ergebung befindet.

Erwachsene denken bei dem Wort Ergebung vielleicht an verwundete, besiegte Soldaten, die eine zerfetzte weiße Flagge im Wind flattern lassen; für uns Menschen ist Ergebung gleichbedeutend mit Verlust, ja sogar mit Tod. Doch es gibt nichts, was weiter von der Wahrheit entfernt wäre! Eines der größten Geheimnisse, das die Wesen des Verborgenen Königreichs miteinander teilen (und eines der wichtigsten Geheimnisse, die der Menschheit je verloren gegangen sind), ist das Heilige Gesetz der Schönheit. In den verschiedenen Kulturen waren es oft die Dichter und Künstler, die dieses Geheimnis bewahrt haben und so zu Botschaftern oder »Experten« der Schönheit geworden sind. Aber das muss nicht unbedingt so sein. Alle Menschen sind Dichter und Künstler – sobald sie sich wieder daran erinnern, was sie aus eigenem Willen vergessen haben: dass man erst in der »wahren Niederlage« erblüht; dass die Ehrfurcht erweckende Schönheit am üppigsten in der demütigen Haltung der Ergebung gedeiht.

Vielleicht lässt sich das Heilige Gesetz der Schönheit am besten mit dem Wort »Verletzlichkeit« verständlich machen. Aber es muss Verletzlichkeit in ihrer reinsten Form sein.

Die ganze Natur ist verletzlich.

Das ist ihre größte Stärke und gleichzeitig ihre größte Schwäche. (Und dieses Paradoxon zieht sich durch alle Aspekte des Lebens hindurch.) Ein mächtiger Mammutbaum – so stark er auch ist – kann von den Händen der Erwachsenen, von der Heftigkeit eines Orkans, von den Flammen eines Feuers zu Boden gestreckt oder zerstört werden. Ein Mammutbaum kann nicht davonlaufen; eine Lilie kann nicht fliehen; eine Wiese kann sich nicht selbst mit Wasser begießen.

Die Lebewesen und Ausdrucksformen des Verborgenen Königreichs sind wirklich die tapfersten auf der Erde. Sie bleiben da, wo sie sind und ergeben sich dem, was ist – sei es ein sonniger Tag oder ein heftiger Sturm, ein atemberaubend schöner Sonnenaufgang oder ein wütendes Feuer. Diese große Fähigkeit, angesichts tief greifender Ereignisse einfach stillzuhalten, verleiht der Natur eine so außerordentliche Schönheit. Denn wahre Schönheit und Verletzlichkeit lassen sich nicht voneinander trennen. Denke einmal an all die wunderschönen Dinge im Leben – ein neugeborenes Baby, ein winzig kleines Kätzchen, ein Kunstwerk, eine blühende Orchidee: Sie alle sind etwas Großartiges und sie alle stehen vor dem Abgrund der Sterblichkeit. Dieses Baby, dieses Kätzchen, dieses Kunstwerk, diese Orchidee kann im Nu ausgelöscht werden. Das ist das Paradoxon und das Geheimnis wahrer Schönheit.

Ergebung und Verletzlichkeit sind für den modernen Mann und die moderne Frau sehr schwer zu verstehende Begriffe. Sie scheinen ihnen keinen Raum für Kampfesmut oder Tapferkeit zu lassen. Und doch ist Ergebung die mutigste Tat, die es gibt. Demütig zu akzeptieren, was vor einem liegt – das ist die Definition der Ergebung, eine Definition, die die größten Krieger dieser Welt schon immer verstanden haben. Viele amerikanische Ureinwohner – große Kämpfer und Krieger – haben nach diesem Heiligen Gesetz gelebt. Oft hießen sie einen Feind in ihrer Mitte willkommen, stellten ihm ein eigenes Tipi zur Verfügung und bereiteten ihm ein Festmahl, weil sie glaubten, dass ein wahrhaft großer Krieger Ehre und Respekt verdient, selbst wenn er einem feindlichen Stamm angehört.

Auf ihre Art und Weise ergaben sie sich diesem würdigen Gegner bereits, bevor die Schlacht begonnen hatte.

Der große deutsche Dichter Rainer Maria Rilke gehörte zu den Menschen, die die Schönheit und den wahren Sinn der Ergebung verstanden. Rilke verbrachte den größten Teil seines Lebens in der Natur; und ob er sich dessen bewusst war oder nicht – er war ein großer Fürsprecher des Verborgenen Königreichs. Rilke spricht von Ergebung oder »Niederlage« in ihrer reinsten Form:

»Wie ist das klein, womit wir ringen,
was mit uns ringt, wie ist das groß;
ließen wir, ähnlicher den Dingen,
uns so vom großen Sturm bezwingen, –
wir würden weit und namenlos.

Was wir besiegen, ist das Kleine,
und der Erfolg selbst macht uns klein.
Das Ewige und Ungemeine
will nicht von uns gebogen sein.
Das ist der Engel, der den Ringern
des Alten Testaments erschien.

Wenn seiner Widersacher Sehnen
im Kampfe sich metallen dehnen,
fühlt er sie unter seinen Fingern
wie Saiten tiefer Melodien.

Wen dieser Engel überwand,
welcher so oft auf Kampf verzichtet,
der geht gerecht und aufgerichtet
und groß aus jener harten Hand,
die sich, wie formend, an ihn schmiegte.
Die Siege laden ihn nicht ein.
Sein Wachstum ist: der Tiefbesiegt
Von immer Größerem zu sein.«

Das Verborgene Königreich hat dieses Heilige Gesetz der Schönheit voll und ganz begriffen und dadurch entsteht die überwältigende, Ehrfurcht erweckende, blendende Schönheit der Erde jeden Tag aufs Neue.

Die Feen bitten dich inständig:

Lasse dich von »immer Größerem« besiegen – verneige dich demütig und stolz zugleich vor deinen schwierigsten Herausforderungen und deinen größten Misserfolgen. Sie schlagen folgende einfache Übung vor: Wähle eine Eigenschaft (oder Erfahrung) von dir, die du nicht akzeptieren kannst. Vielleicht hast du einen Anflug von Habgier an dir entdeckt; oder du hast dich einmal grausam verhalten; oder vielleicht war es auch nur etwas so Einfaches wie ein Tränenausbruch in der Öffentlichkeit. Umarme diese Eigenschaft (oder diese Erfahrung), so wie du ein verängstigtes Kind in den Arm nehmen würdest. Räume ihr eine Daseinsberechtigung ein. Atme sie ein. Lege dich bereitwillig darauf nieder wie auf einem weichen Bett. Und dann bringe dir selbst ganz langsam und liebevoll bei, *dazubleiben*, statt davonzulaufen. *Das* – so singen die Feen – ist wahre Ergebung.

Das Lustprinzip

Eine direkte Übersetzung aus dem Feenreich definiert das Lustprinzip folgendermaßen: *Nimm dir Zeit, dir selbst eine Freude zu machen.* Eine ausführlichere Definition lautet:

Tue nur das, was dir wirklich Freude bereitet – in geistiger, körperlicher und spiritueller Hinsicht.

Auf den ersten Blick mag dir dieser Gedanke vielleicht zu einfach erscheinen. Doch gerade diese Einfachheit macht ihn zu etwas Wunderbarem und letzten Endes Magischem. Die Feen im Feenreich tun niemals etwas, was ihnen keinen Genuss bereitet. Doch für eine Fee ist Genuss nicht dasselbe wie für einen Menschen. Für eine Fee – vor allem wenn sie schon ein bisschen höher entwickelt ist – ist Genuss ein Zustand physischer Anmut: die immerwährende Fähigkeit und das ständige Bedürfnis, im Herzen des Mitgefühls und im mitfühlenden Herzen zu leben. Da es kein besseres Wort dafür gibt: Es hat etwas mit Liebe zu tun.

Ein Beispiel: Im Reich des Gartens (einer der Lieblingsdomänen der Feen) gibt es eine Gruppe von Feen, die über die verschiedenen Blumen, Blütenblätter, Blätter, Stängel und Beete wachen. (Manchmal wacht eine einzelne Fee über die Blütenblätter einer Rose, während eine ganze Gruppe von Feen über den dornigen Stiel der Rose herrscht.) Diese Feen leben ausschließlich nach dem Lustprinzip. Sie verbringen die meiste Zeit im Garten, tanzen und singen und verlieben sich – ineinander und in die Elemente, von denen sie umgeben sind. (So weiß zum Beispiel kaum jemand, dass die Rose ursprünglich blässliche Blüten hatte, deren Blütenblätter sich längst nicht so samtweich anfühlten wie heute. Doch im Laufe von Äonen haben sich so viele Feen in diese Blume verliebt – vielleicht wegen ihres sanften, liebevollen Gemüts –, dass dieses Übermaß an Liebe sie buchstäblich zum Erröten brachte und ihre Blüten sich allmählich rosa und schließlich tiefrot färbten. Deshalb werden rote Rosen so häufig als Symbol der Liebe verschenkt.)

Diese ständige Feier oder Verehrung des Lebensgeistes des Gartens hält den Garten im wahrsten Sinne des Wortes am Leben. Wenn eine Fee oder eine Gruppe von Feen in diesem Gartenreich plötzlich aus irgendeinem Grund aus der Feier ausscheidet (daran kann zum Beispiel die böswillige Haltung

eines menschlichen Gärtners schuld sein, ein bestimmtes Insektenbekämpfungsmittel, auf das viele Feen empfindlich reagieren, oder eine unnötige gewaltsame Auseinandersetzung zwischen Erwachsenen im Garten), spürt der Garten das sofort. Blumen oder Pflanzen, die zur Domäne dieser Fee gehören, lassen die Köpfe hängen, der Boden beginnt auszutrocknen.

In seltenen Fällen wirkt sich die Abwesenheit der Fee von der Feier sogar auf das Wetter aus und lässt den Regen ausbleiben, der die Pflanzen ernährt.

In solchen Fällen hat die Fee vorübergehend ihre Lust verloren, und das kann verhängnisvolle Auswirkungen auf ihre Domäne haben. Und hier liegt die Verantwortung der Erwachsenen. Es reicht einfach nicht aus, das Gedeihen des Gartens den Wesen des Verborgenen Königreichs zu überlassen. Die Erwachsenen müssen aktiv an diesem Lustprinzip teilhaben – zum Beispiel, indem es ihnen aufrichtig Freude macht, den Boden zu bestellen oder eine Pflanze zu beschneiden; oder indem sie die verschiedenen Düfte und Gerüche des Gartens intensiv genießen und zu schätzen wissen; oder indem sie ganz einfach die Schönheit und Lebendigkeit des Gartens wahrnehmen. Dadurch nehmen wir Menschen an der Feier der Feen teil, selbst wenn wir diese Feier nicht »sehen« können.

Natürlich unternehmen die anderen Feen sofort etwas dagegen, wenn eine Fee unglücklich ist und plötzlich nicht mehr lustvoll handelt. Wenn beispielsweise die Böswilligkeit des Gärtners schuld daran ist, dass die Fee aufgehört hat zu feiern, werden die anderen Feen alles tun, was sie können, um den Gärtner aus seiner negativen Stimmung herauszuholen – entweder auf mutwillige oder in liebevoller Weise. (Es wurde schon von Feen berichtet, die einem Gärtner immer wieder die Brille von der Nase schlugen, weil er eine neue »Sichtweise« gewinnen sollte; manche Feen locken aber auch eine besonders schöne, ungewöhnliche Blüte hervor, um seine gedrückte Stimmung zu heben; oder sie singen so laut, dass der nichtsahnende Gärtner plötzlich etwas »hört«, erstaunt herumfährt und murmelt: »Was ist denn das ...?«)

Mit diesem neu entdeckten Wissen können die Erwachsenen intensiver am Leben der Feen teilhaben und sie unterstützen, indem sie beginnen, das Lustprinzip in die Tat umzusetzen.

»Geh auf deine Felder und in deine Gärten und du
wirst lernen, dass es der Biene Vergnügen bereitet,
Honig aus der Blüte zu sammeln;
aber auch der Blüte macht es Freude,
der Biene ihren Honig zu überlassen.
Denn für die Biene ist eine Blüte ein Quell des Lebens
und für die Blüte ist eine Biene ein Bote der Liebe
und für beide – Biene und Blüte – ist das Geben und
Empfangen von Wonne ein Bedürfnis und eine Ekstase …«

Khalil Gibran

Gebetslied im Morgengrauen

(Diesmal haben alle Feen allen Dingen und Lebewesen etwas vorgesungen!)

Wacht auf, wacht auf,
singt die Sonne.

Wacht auf, wacht auf,
singen die Vögel.

Wacht auf, wacht auf,
singt die Erde.

Halleluja,
ein neuer Tag zum
Singen!

Leben nach dem Lustprinzip

Für die meisten Menschen ist das Leben nach dem Lustprinzip gar nicht so einfach. Die Feen schlagen dazu Folgendes vor:

1. Erwarte nicht, dass du auf Anhieb bereit sein wirst, nach dem Lustprinzip zu leben. Die Feen raten dir, eher vom Gegenteil auszugehen – dass du *nicht* dazu bereit bist.
2. Beginne deine Beziehung zu deinem physischen Körper und deinen Gefühlen wahrzunehmen. Lust hat mehr mit Körper und Emotionen zu tun als mit deinem Verstand. Frage dich: Achtest du auf deine Impulse und Reaktionen? Respektierst du sie? Bewertest du deine Gefühle ständig; analysierst oder ignorierst du sie?

Mache dir deine Einstellung und Beziehung zu deinem Körper und deinen Gefühlen bewusst.

3. Und nun achte einmal darauf, welche *kleinen* Dinge dir Freude bereiten: am Fenster zu sitzen und eine Tasse Tee zu trinken; das Schnurren deiner Katze, das Rauschen des Windes,

der Schnabel eines Spatzen. Stelle eine Liste dieser kleinen Freuden auf und aktualisiere sie regelmäßig. Nimm diese Freuden einfach wahr. Versuche nicht, irgendetwas anderes damit zu tun.

4. Frage dich nach deiner wahren Einstellung zum Genuss und entdecke deine heimlichen Antworten. »Genießen – das kommt mir egoistisch vor.« »Es ist maßlos.« »Es kostet zu viel Zeit.« »Es wird mich auf Abwege führen.« Schreibe dir diese Antworten auf und beginne sie in Frage zu stellen. Diskutiere in aller Offenheit mit Freunden und geistigen Führern darüber, denen du vertraust.

5. Wähle eine kleine Sache aus, die dir Freude macht und nimm dir vor, sie jeden Tag zu tun. Wenn dir diese Aufgabe zu schwierig erscheint, dann entscheide dich für etwas noch Geringeres. (»Ich kann nicht jeden Tag ein langes heißes Bad nehmen, weil ich keine Zeit dazu habe.« Also gut – dann stell dich unter die Dusche und nimm wahr, wie herrlich sich das warme Wasser auf deiner Haut anfühlt.) Praktiziere das jeden Tag.

6. Setze dich neben eine schöne und prächtig gedeihende Pflanze. Verbringe eine Stunde in einem Blumengarten. Und wenn du das Gefühl hast, bereit für das Lustprinzip zu sein, dann bitte das Verborgene Königreich um Hilfe. Die Feen sind immer begierig darauf, jemanden zu unterstützen, der nach dem Lustprinzip leben möchte.

An eines solltest du noch denken: Im Reich der Feen geht alles langsam. Es gibt keine Hast, keine Eile, keine Hetze. Auf das Lustprinzip lässt der menschliche Zeitbegriff sich nicht anwenden. (Das wäre so, als würde man in aller Eile ein heißes Bad nehmen – was hätte das für einen Sinn?)

Das bedeutet, dass du nicht von einem Schritt zum nächsten hasten und versuchen darfst, »eine Stufe weiterzukommen«. Für Feen ist das absurd.

Vertiefe dich voll und ganz in jeden Schritt,
als gäbe es gar keine weiteren Schritte mehr.

Das Lustprinzip beruht nämlich nicht auf einer linearen Linie, sondern auf einer Spirale. Man geht nicht von Schritt eins bis zu Schritt sechs, sondern man dringt mit jedem Schritt tiefer in das Lustprinzip ein und berührt dabei gleichzeitig alle Schritte. Das Lustprinzip existiert bereits in deiner Psyche und deinem physischen System. Du musst es einfach nur wachsen lassen wie das Samenkorn im Erdboden.

Allen Sagen und Legenden zum Trotz sind Feen keine böswilligen Wesen und werden es auch nie sein. Doch auf die starken menschlichen Emotionen des Hasses und der Angst können sie manchmal recht heftig reagieren.

»Jetzt ebnen Planierraupen die Wege der Feen ein und reißen ihre Bäume zu Boden und das Gute Volk scheint sein Zuhause nicht mehr länger verteidigen und bewahren zu können. Heutzutage würde kein Bauer mehr etwas Milch aus seiner Melkmaschine als Tribut an die Feen auf den Boden rinnen lassen … Und niemand fragt die Feen mehr um ihre Erlaubnis und ihr Einverständnis, wenn er ein Haus bauen möchte. Die Orte und Wege der Feen werden nicht mehr mit Respekt behandelt …«

Patrick Logan

Über die Angst

Hin und wieder erleben Feen auch etwas anderes als nur Vergnügen. Erwachsene würden es als Angst bezeichnen. Im Verborgenen Königreich nennt man es »die Energie einer Liebe, der Unrecht getan wurde«. Das passiert häufig durch Einwirkung eines menschlichen Wesens. Es kommt *äußerst selten* vor, dass diese »Angst« durch eine andere Fee verursacht wird.

Die Energie einer Liebe, der Unrecht getan wurde, kann entstehen, wenn ein Mensch zu starrköpfig auf einem bestimmten Standpunkt beharrt.

Wenn beispielsweise ein unbebautes, von Wildblumen bewachsenes Grundstück mit der Planierraupe eingeebnet wird, weil dort ein neues Bürogebäude entstehen soll, ist das Verborgene Königreich darüber natürlich sehr betroffen. Wenn es nach den Feen ginge, würden sie diese schöne Ausdrucksform der Natur niemals antasten. Aber Feen sind hochintelligente Wesen, die die Idee der Veränderung und Weiterentwicklung begriffen haben.

Das Problem der »Liebe, der Unrecht getan wurde« entsteht, wenn die Erwachsenen, die für das Bauprojekt verantwortlich sind, den Herrschaftsbereich der Feen nicht anerkennen wollen. Wenn diese Erwachsenen die Wildblumen einfach vom Erdboden auslöschen, ohne einen Gedanken an die Feen zu verschwenden oder über das »Ende« der Blumen traurig zu sein, weil sie in ihrem Denken und ihrer Erziehung zu starr und unflexibel sind, dann kann es sein, dass die Feen »Angst« empfinden. Ihr großmütiger Geist ist durch diese Erwachsenen verletzt, verkannt, ignoriert, verleugnet worden. Manche Feen schreiten dann zum Gegenangriff und versuchen die Planierraupe durch geschickt platzierte Steine und kleinere Felsblöcke an der Arbeit zu hindern. Andere Feen – vielleicht die sensibleren – geraten in einen Zustand der »Angst«.

Das Gute an dieser kleinen Krise ist, dass ihr leicht abgeholfen werden kann. Die amerikanischen Ureinwohner, die Eskimos, die Polynesier, die afrikanischen Völker – die meisten Stammesgesellschaften eben – hatten Verständnis für diese Idee der »Liebe im Feenreich, der Unrecht getan wurde«. Deshalb baten sie stets um Erlaubnis und um Verzeihung, ehe sie einen Baum fällten oder ein Reh töteten. Sie nahmen sich immer Zeit, den Feen dieser speziellen Domäne ihre Ehrerbietung zu erweisen und einen symbolischen Dank in Form von Tabak, Mais, ti-Blättern oder Fisch zu hinterlassen – je

nachdem, welche dieser Pflanzen oder Tiere für den Stamm eine besondere Bedeutung hatte.

Die Feen bitten dich:

Sei dir der Tatsache bewusst, dass die Feen gemeinsam mit dir hier auf der Erde existieren und dass auch sie sehr stolz und glücklich über ihre Heimat sind. Bitte beziehe sie in deine Entscheidungen mit ein; und wenn du eine Entscheidung triffst, die sich möglicherweise gegen sie richtet, dann zeige ihnen deine Reue; lasse sie wissen, dass es dir nicht gleichgültig ist.

Außerdem schlagen die Feen vor:

Was auch immer es sein mag, wovor du Angst hast – bitte betrachte auch deine eigenen Ängste als »Energie einer Liebe, der Unrecht getan wurde«. Suche nach dem Punkt in deinem Inneren, der sich gerade verkannt, unbeachtet, ungeliebt fühlt. Wenn du diesen Punkt gefunden hast, dann erwarte die Anerkennung oder Liebe nicht von demjenigen, der dir »Unrecht getan hat«, sondern nimm dir Zeit, sie dir selbst zurückzugeben. Das tun die Feen im Grunde seit jeher, wenn Männer oder Frauen sie in irgendeiner Form ignorieren: Sie schließen sich zusammen und vollführen einen »Tanz der richtigen Liebe« –

oft in einer sternlosen, stockdunklen Nacht – und singen und tanzen so lange miteinander, bis das Herz des Mitgefühls sich in ihnen allen wieder erhebt und einen neuen Tag erhellt.

»Frage immer erst die Bäume um Rat,
bevor du etwas tust.
Jedes Mal, wenn du einatmest,
bedanke dich bei einem Baum …«
John Wright

Eine bei den Feen sehr beliebte Geschichte:

Es war einmal eine winzig kleine Fee, die war sehr schüchtern. Sie lebte in einem wunderschönen Garten voller Malven und Prunkwinden am Ufer eines in der Sonne funkelnden Teichs, der von anmutigen Ulmen umgeben war. Und sie war sehr glücklich.

Doch eines Tages kamen zwei Erwachsene in ihr geheimes Versteck und begannen lautstarke, zornige Diskussionen zu führen. Das beunruhigte die kleine Fee. Warum störten sie ihren Frieden? Also schlich sie näher heran, um die beiden Erwachsenen zu belauschen. Und sie hörte folgendes Gespräch:

»Wir müssen unser Leben ändern und die Umwelt retten«, sagte der eine.

»Du bist zu fanatisch«, sagte der andere.

»Die Welt steht kurz vor der Zerstörung!«, argumentierte der erste.

»Schrei mich nicht so an«, bellte der andere zurück.

»Du bist dickköpfig«, beschuldigte ihn der erste, »und naiv!«

»Und du bist verbohrt!«, schrie der andere zurück. »Und stur!«

»Geh zum Teufel!«, brüllten sie sich schließlich an und

stürmten in entgegengesetzte Richtungen davon.

Noch tage- und wochenlang danach waren der Garten und der Teich ganz erschüttert von dieser heftigen Auseinandersetzung. Winzig kleine Blütenknospen wagten nicht, sich zu öffnen. Die Grashalme hatten Angst, sich im Wind zu wiegen. Die kleine Fee musste Schwerstarbeit leisten, um die Harmonie in dem Garten wiederherzustellen.

Sie sang und tanzte und lobte jede einzelne Knospe, jede einzelne Blüte und jedes einzelne Blatt; sie sang und applauderte jeder kleinen Welle auf dem Teich.

(Du siehst: Obwohl diese Fee so winzig klein war, hatte sie ein großes Herz voller Liebe.) Schließlich, nach vielen, viele Wochen, war der Garten wieder in seinen ursprünglichen friedvollen Zustand zurückgekehrt. Und die kleine Fee war wieder glücklich.

Das ist das Ende.

Und die Moral von der Geschichte? Unsere Umwelt zu retten, ist sicher eine sehr wichtige und edle Aufgabe. Aber bitte achte darauf, ob dein Herz auch wirklich offen und voller Liebe ist, ehe du irgendwelche Aktionen startest. Denn nach Ansicht des Verborgenen Königreichs gibt es kein reines Handeln. Es gibt nur Handlungen, die der Liebe entspringen, und Handlungen, die der Nicht-Liebe entspringen. Es wird dir, der Erde und all ihren Lebewesen nichts Gutes bescheren, wenn du dich aus Zorn oder Bitterkeit oder Angst oder Selbstgerechtigkeit heraus bemühst, der Erde zu helfen.

Denke daran: Du sollst die Erde nicht *retten*. *Genieße* sie lieber. Preise ihre Schönheit und ihre vielfältigen Ausdrucksformen jeden Tag. Und wenn du mit deinen alten Zeitungen und Konservendosen zur Recycling-Tonne gehst, dann bleibe unterwegs vor der kleinen, blassen Tulpenblüte stehen und preise sie. Erkenne sie an. Nenne sie beim Namen. Ein solcher großmütiger Akt wird deinem Herzen und dem Herzen der Erde viel mehr zugute kommen.

Die einzige goldene Regel des Feenreichs:
Magie entsteht überall. Sogar in Brooklyn.

Teil Drei

Die Geheimnisse der Feen

Wie sie ihre Wunder wirken

»Man fragt sich, wo die Feen hingehen werden, wenn wir den letzten Stern erreicht haben, auf wen wir dann unsere verbotenen Sehnsüchte projizieren und wie wir uns dann auf unsere Reisen begeben sollen – denn ich kann mir nicht vorstellen, dass wir sie dann nicht mehr brauchen werden.«
Maureen Duffy

Wie man ein Verständnis für Magie entwickelt

Wie viele Dinge im Verborgenen Königreich ist Magie längst nichts so Kompliziertes, wie du glaubst. Was die Erwachsenen sich unter Magie vorstellen, ist fast alles ein Missverständnis. Magie hat nichts damit zu tun, jemanden zu verzaubern oder Elefanten verschwinden zu lassen. Magie ist ein ganz natürlicher Zustand des Staunens.

Manche Menschen sehen etwas Magisches in Walen und Delfinen; andere sehen etwas Magisches im Ballett. Einige Menschen hören das Magische in einer Sinfonie; manche schmecken das Magische in einem Kraut. Und für wieder andere ist Malerei oder Architektur oder Dichtung etwas Magisches. Kleine Kinder wissen natürlich, was Magie wirklich ist.

Alles auf der Welt ist von Magie erfüllt!

Schönheit und Verzauberung liegen in Wahrheit im Auge des Betrachters. Und je größer und tiefer diese Augen sind, umso mehr Magie können sie wahrnehmen.

Ein Wissenschaftler, den Insekten faszinieren, sieht (ob er es nun so nennt oder nicht) etwas Magisches in einer Hummel oder einem Nachtfalter. Und sicher haben wir fast alle schon mindestens einen Menschen kennen gelernt, der einen ganz »normalen« Beruf hat (beispielsweise Hausmeister, Klempner oder Lehrer) und durch dessen bloße Gegenwart und leidenschaftliche Begeisterung wir ein wenig Magie an Orten wahrgenommen haben, wo wir sie nie vermutet hätten.

Magie ist ganz gewöhnliche
Schönheit in ihrer reinsten Form.

Magie ist kristallklare Einfachheit. Magie ist alles, was dein Herz wirklich gefangen nimmt, was dich erstaunt den Atem anhalten und »Ohhhh ...« sagen lässt. Magie ist Lob, das aus tiefstem Herzen kommt und Liebe, die du ungeniert zum Ausdruck bringst.

Nehmen wir zum Beispiel eine Orchidee. Hast du schon einmal wirklich eingehend eine wunderschöne Orchidee betrachtet? Eine schneeweiße Dendrobium-Blüte vielleicht oder die lavendelfarben gestreifte Blüte einer Phalaenopsis? Es geht hier nicht darum, ihre wissenschaftliche Namen zu kennen (denke daran: beim Tor des Namengebens geht es um Anerkennung und nicht um Etikettierung). Wichtig ist, dass Orchideen freudvolle Farb- und Klangwunder sind. Die Feen, die dieses spezielle Reich regieren, sind wirklich die »Showtalente« des Verborgenen Königreichs. Sie sind die glanzvollen Entertainer, die Sänger und Tänzer und Musiker, die eine Vorliebe für Glanz und Glitter und das ganz besondere Flair haben. Diese Feen besitzen eine außergewöhnliche Fähigkeit, zu loben. Und die einzelnen Orchideen oder Gruppen von Orchideen reagieren so intensiv auf dieses überschwängliche Lob, dass sie Farben, Formen und Düfte hervorbringen, die du dir nicht einmal in deinen kühnsten Träumen vorgestellt hättest! (Wenn eine Orchidee dann schließlich blüht, nennen die Feen das sehr treffend »ihre Show«). Die Orchideenfeen sind sehr begeisterungsfähig und kreativ und veranstalten den ganzen Tag lang spontan ein Fest nach dem anderen.

Gehe einmal in eine Orchideengärtnerei oder zu einer Gartenausstellung. Und dann lausche. Beobachte. Bleibe ganz still vor einem Stand mit besonders prachtvollen wilden Orchideen stehen, dann wirst du förmlich hören, wie die Feen sich mit theatralischer Geste verbeugen und fragen: »Na, was sagst du nun?« Und wundere dich nicht, wenn du dann wie gebannt dastehst, mit Tränen in den Augen und ihrer überwältigenden »Darbietung« Beifall spendest. Diese eindrucksvolle Macht des Lobes spürt man, wenn man etwas Schönes bewundert.
Und dieses Lob ist Magie.

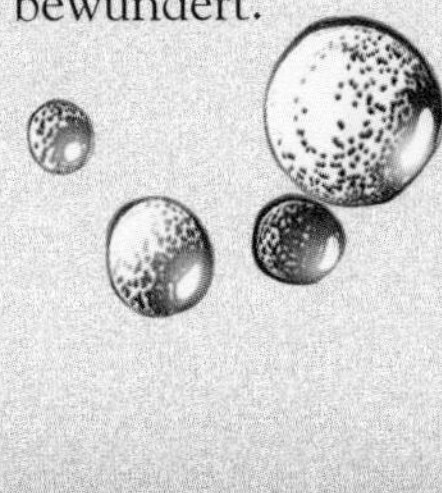

Die Feen schlagen vor:

Suche überall in deinem Leben nach magischen Dingen. Sieh dich aufmerksam danach um und feiere und verherrliche alles, was du findest. Preise es aus ganzem Herzen. Und dann beginne nach der Magie in den Dingen zu suchen, die dir unbekannt sind – oder die du als etwas völlig Normales empfindest. (Bitte ein kleines Kind um Hilfe!) Bald werden deine Augen größer und tiefer werden und du wirst in einer ganz neuen, strahlenden Welt der Verzückung leben.

Sie beten Kinder an, weil Kinder sie anerkennen. Und sie lieben Erwachsene, die wirklich gütig sind. Sie lieben übrigens auch Erwachsene, die den aufrichtigen Wunsch haben, gütig zu sein.

Der sagenhafte Feenstaub

Die Geschichte von Peter Pan begeistert Erwachsene und Kinder zwar schon seit vielen, vielen Jahren; trotzdem ist es wichtig, etwas klarzustellen: Es ist nur eine Geschichte. Und da es sich um ein rein fiktives Werk handelt (wenn auch um ein ganz reizendes), hat der Autor im Hinblick auf die Feenwelt einiges durcheinander gebracht.

Hoffentlich hast du (und meine Mutter) inzwischen schon begriffen, dass Feen ganz und gar nicht so aussehen wie die niedliche, süße Tinkerbell. Aber du musst auch verstehen, was es in Wirklichkeit mit dem Feenstaub auf sich hat. Der Autor von »Peter Pan« ist der Wahrheit zwar ziemlich nahegekommen, aber hundertprozentige Genauigkeit ist dem Verborgenen Königreich noch lieber!

Feenstaub entsteht, wenn eine Fee großzügigerweise ihren »Atem« mit dir teilt (was zwar selten vorkommt, aber nicht unmöglich ist).

Wenn eine Fee ihren Atem mit jemandem teilt, verströmt sie winzig kleine Teilchen von einem Stoff, den man als physische

Inspiration bezeichnen könnte. Der glückliche Mensch, der von der Fee angeatmet wurde, kann dann »fliegen«. Doch anders als in der Geschichte von Peter Pan ist es kein *richtiges* Fliegen, sondern nur ein symbolischer Flug. Dieser Mensch kann sich über seine erdgebundenen, begrenzenden Ängste und Sorgen erheben und in ein ganz anderes Reich »fliegen« – das Reich der Fantasie. Denke daran, dass das Wort »Fee« sich von der lateinischen Bezeichnung für die antiken Musen oder Parzen herleitet. Vor langer Zeit, als die Menschen noch naturverbundener waren und die Natur mehr zu schätzen wussten, suchten sie ihre Inspiration in den Elementen der Natur. Ob es nun Schriftsteller, Sportler, Bildhauer, Silberschmiede oder Dichter waren – bewusst oder unbewusst begaben sie sich in die Natur, wenn sie »abheben« und inspiriert werden wollten.

In Wirklichkeit ist Feenstaub also nichts anderes als »der Atem, den eine Fee mit dir teilt«. Von Teilen spricht man deshalb, weil die Fee ganz aktiv den *Wunsch* haben muss, ihren Atem mit dir zu teilen. Das ist ihre Art, dir ihre göttliche Gegenwart, ihr wahres Wesen zu offenbaren. Das ist nämlich im Grunde genommen das einzige, was diese Wesen tun möchten – und was sie sich von dir als Gegenleistung wünschen: deine wahre, von ganzem Herzen kommende Gegenwart. Biete ihnen diese Gegenwart so aufrichtig,

so leidenschaftlich und so oft an, wie du kannst (Feen erwarten *niemals*, dass du perfekt bist); dann wirst du dafür eines Tages, wenn du gerade am wenigsten damit rechnest, inmitten deiner schwierigsten Aufgabe oder deines schmerzlichsten Widerstandes plötzlich feststellen, dass du immer leichter wirst – und ehe du dich' s versiehst, schaust du auf eine komplizierte, fantasielose Welt hinab, die tief unter dir liegt!

Sie haben mächtige Energiefelder, die von ihrem »Körper« ausgehen und die für uns so aussehen wie Flügel. Deshalb stellen wir uns Feen ganz automatisch als anmutige, geflügelte Wesen vor.

Die Technik des Fliegens

Feen können natürlich auch fliegen – obwohl dieses Fliegen nicht immer so aussieht, wie wir es uns vorstellen: Feen erheben sich nicht in die Lüfte wie Vögel oder springen aus dem Wasser wie Delfine. Sie hüpfen auch nicht wie Heuschrecken (obwohl vielen Feen diese Art der Fortbewegung Spaß machen würde!). Nein, ihre Art der Fortbewegung könnte man vielmehr so beschreiben: Feen »tanzen« einfach mit den Elementen, die sie umgeben. Sie können sich um Atome und Moleküle oder ähnliche Dinge herumwickeln und einfach dorthin tanzen, wohin sie möchten. Das sieht aus wie Fliegen und fühlt sich sogar so an. Doch im Unterschied zum Fliegen hat es nichts mit Aerodynamik oder Schwerkraft zu tun – nicht einmal mit Intelligenz.

Die Fee braucht sich dazu einfach nur mit ihrem »Partner« zu verbinden und dorthin zu tanzen, wo sie gemeinsam hinmöchten.

Im Verborgenen Königreich ist Tanz ein innerer Zustand der Energie oder Leidenschaft; ein inneres Bewusstsein für Klang und Rhythmus; ein Zustand reiner Freude. Alle Dinge bewegen sich innerlich in einem bestimmten Rhythmus. Wenn dann ein leidenschaftliches Wesen einem anderen leidenschaftlichen Wesen begegnet, entsteht daraus ein Tanz oder *Flug*, bei dem beide zusammenwirken.

Im Reich der Menschen tanzen Surfer beispielsweise mit den Wellen, Fallschirmspringer tanzen mit dem Wind, Künstler mit Farben, Schriftsteller mit Worten und Sänger mit Klängen. Küchenchefs tanzen mit Gemüse und Gewürzen und Kinder mit sich selbst – was übrigens dasselbe ist, wie wenn man mit allem tanzt. Und genau das tun Feen.

Das ist das eigentliche Geheimnis des Fliegens. Wenn du das nächste Mal »fliegen« möchtest – in deinem auserwählten Beruf oder deiner auserwählten Kunstform, mit deinem Freund oder Lebensgefährten –, musst du erst einmal mit deinem Rhythmus, deiner ganz besonderen Leidenschaft, deinen eigenen Klängen und Farben Verbindung aufnehmen. Dann kannst du beginnen, mit der Leidenschaft und dem Rhythmus aller beliebigen Lebewesen und Dinge zu tanzen – du kannst also anfangen zu fliegen.

Wie man die wahre Liebe findet

Im Reich der Feen erwächst die Liebe direkt aus dem Lob; direkt aus dem Leben nach dem Lustprinzip; direkt aus der Bereitschaft, sich zu ergeben. Für das Verborgene Königreich ist Liebe nichts, wonach man sucht. Liebe ist etwas, was aus dir hervorquillt wie ein Wasserfall, der einen Berg hinunterrauscht, wenn es lange und heftig genug geregnet hat. Der Regen ist deine Fähigkeit, dich selbst und deine Verletzungen zu preisen; die Fähigkeit, dein eigenes Leben mit all seinen Stärken, Kämpfen und Mühen zu feiern oder zu verehren. Wenn es nicht mehr regnet, versiegt der Wasserfall. Wenn es keine Sonne, keine Nahrung und kein Wasser mehr gibt, verblüht die Blume. Solange diese lebenswichtigen Voraussetzungen vorhanden sind, ist Liebe das natürliche Resultat.

Allen Erwachsenen, die immer noch nach dem ganz besonderen »anderen Menschen« suchen, raten die Feen:

1. Verbringe viel Zeit mit *dir selbst.*
2. Umgib dich mit schönen Dingen.

3. Preise alle Dinge um dich herum.

4. Wenn du jemanden siehst, der nur eine einzige kleine Eigenschaft hat, die du dir an diesem besonderen »anderen Menschen« wünschen würdest, dann preise diese Person von ganzem Herzen.

5. Sei aufrichtig in allem, was du tust.

Denke daran: Du kannst eine Blume nicht zum Blühen bringen. Du kannst es nicht erzwingen, dass dein künftiger Gefährte in dein Leben tritt. Aber du kannst zum Gärtner werden – du kannst all das hegen und pflegen und zu schätzen wissen, *was bereits in Hülle und Fülle vorhanden ist.* Wenn du die Dinge preist, die in deinem Leben bereits blühen und gedeihen, wird dein Garten nach und nach immer gesünder und schöner werden. Und dann kann die Blume, nach der du dich so sehnst, endlich Wurzeln schlagen und wachsen. Preise, preise, preise. Preise deine Zukunft so lange, bis sie tatsächlich existiert.

»Ich falle nicht in den Zustand der Liebe hinein;
ich steige durch ihn auf …«
David Roth

Lieder der Liebe und Leidenschaft

Die Wesen aus dem Verborgenen Königreich haben zwar viele besondere Kräfte und magische Fähigkeiten; aber sie haben auch Wünsche und Bedürfnisse. Sie wachsen und entwickeln sich weiter, genau wie Erwachsene. Und ab und zu – wenn auch ziemlich selten – kommt es vor, dass eine Fee einen ganz bestimmten Menschen nicht nur dazu inspiriert, sich in seinen oder ihren Garten oder Baum zu verlieben, sondern dass sie sich selbst in die Person verliebt, der sie zu helfen versucht. (So kann es zum Beispiel sein, dass sie sich in den vierzig- oder fünfzigjährigen Farmer verliebt, über dessen Land sie wacht.) Diese Erfahrung gehört zum Lernprozess der Feen.

Es gilt sogar als ein besonderes Privileg, sich in einen Menschen zu verlieben und die Sehnsucht des Begehrens zu empfinden.

Denn diese Sehnsucht hilft der Fee, sich weiterzuentwickeln.

Wenn dieses einmalige Ereignis stattfindet, bringt die Fee es häufig durch einen besonderen Tanz oder Gesang (oft auch durch eine Kombination aus beidem) zum Ausdruck. Das Lied »Ernte« ist ein solcher Ausdruck:

Ernte

Du dringst in mich ein wie ein Pfeil.
Ich bin der Boden
Für die Wurzeln deines Baumes.

Hier gibt es keine Felsen, keinen gefrorenen Tundraboden.
Meine Erde gibt nach, ist weich
Wie pulveriger Schnee.

Pflanze in mich hinein.
Deine starke Hand,
deinen muskulösen Rücken,
dein wettergegerbtes Gesicht.

Ein Farmer mit einem Herzen aus Gold.

Leidenschaft hat im Verborgenen Königreich eine ganz besondere Bedeutung. Sie ist etwas, das die Feen in uns Menschen wecken und wonach sie gleichzeitig selbst suchen.

Leidenschaft ist in diesem Reich von entscheidender Wichtigkeit, denn sie ist die Energie des Wachstums – genauer gesagt: der Treibstoff für den Durchbruch, die Weiterentwicklung.

Wenn Feen zum Beispiel einem jungen Grashalm helfen möchten, der sich im Frühjahr bemüht, durch ein besonders hartes Stück Erde hindurchzubrechen, dehnen sie zunächst einmal ihren Lichtkörper so weit aus, dass er den Grashalm umschließt, damit er sich »mehr geliebt« fühlt. Wenn das immer noch nicht ausreicht, um ihn zum Wachstum zu bewegen, bedienen sie sich der Magie der Leidenschaft. Sie dehnen sich so weit aus (und verwandeln sich in richtige kleine »Lichtklöße«), dass der Grashalm sich tief und leidenschaftlich in den Boden und das Sonnenlicht verliebt, das auf ihn wartet; und dann dehnt er sich und drückt so voll aufgeregter Ungeduld gegen den Erdboden, dass er plötzlich – erschöpft, aber ganz und gar erfüllt – hindurchbricht.

Diese Leidenschaft, die die Feen in anderen Lebewesen wekken, ist der Grund, warum es viele Menschen dazu drängt, in der freien Natur zu schreiben oder zu malen oder ein Musikstück zu komponieren. Wenn ein Mensch das Glück hat, von dieser geheimen Leidenschaft berührt zu werden, dann »wachsen ihm Flügel«.

Für die Feen ist das eine Zeit großer Freude und Festlichkeit, denn nun wird ihr Werk gespürt und anerkannt. Für den Menschen, der plötzlich von der Leidenschaft berührt wurde (was wir Menschen schon immer gern mit »Frühlingsgefühlen« verwechselt haben), ist die Sache vielleicht etwas schwierig. Es könnte aus menschlicher Sicht sogar ein schmerzhafter Prozess sein, denn es erfordert neue Entscheidungen und Richtungsänderungen – es ruft nach Veränderung und das ist etwas, was die Erwachsenen nicht unbedingtvor Begeisterung vom Hocker reißt.

Das Gedicht »Vom Weg abgekommen« schrieb eine Menschenfrau als Reaktion auf die Berührung der Feen:

Vom Weg abgekommen

(Man kann den Mond nicht ins Gefängnis sperren)

Die Tafel zerbröckelt.
Mich binden keine mit weißer Kreide geschriebenen Gesetze mehr,
keine Eisenketten,
keine Seile, die mir ins Fleisch schneiden;
mich halten keine knorrigen, verflochtenen Zweige am Boden.

Ich schüttle sie ab
mit dem Blute Samsons.
Ich zerbreche und zerreiße das Kettenglied
mit meinen weichen, bloßen Händen.

Ich bin zu rund für ein Gefängnis.
Ich leuchte zu hell für Tore und Käfige.
(Es gibt keine Freiheit außer der Freiheit des Herzens.)

Keine Piraten,
keine scharfsichtigen Soldaten,
keine selbstgerechten Priester
können mich zurückholen.

Ich bin vom Weg abgekommen,
in flachen weißen Turnschuhen und schmutzigen Jeans;
nur Bleistift und Notizblock wärmen meine Brust.

Hört zu!
Meine letzten Worte sind ehrlich:

Bleibt ruhig die, die ihr seid
in euren dunkelgrauen Anzügen
und engen Perlenketten.

Ich bin die, die ich bin,
eine Frau allein,
feucht und glänzend,
die im Regen durch den Wald wandert.

Das Lied der Sexualität

Die Wesen aus dem Verborgenen Königreich nennen es natürlich nicht »Sex«. Die Männer und Frauen der Menschenwelt sind die einzigen Lebewesen auf der Erde, die es als »Sex« bezeichnen. Bei den Feen heißt es einfach »das Lied«.

Vor langer Zeit, als Männer und Frauen noch nicht wussten, wie man hasst und Angst hat, bezeichnete man den Prozess der Erzeugung neuen Lebens als »Gesang«. Warum? Weil Singen in jenen alten Zeiten die heiligste Tätigkeit war, jene, die man am meisten ehrte. Singen war gleichbedeutend mit Beten; durch Gesang erwies man einer Sache oder einem Lebewesen Ehre; Gesang war eine Anerkennung und ein Lob der Macht und Göttlichkeit, die allen Dingen innewohnt.

Und der Akt der Paarung war das größte
Gebet, das größte Lob und die größte Verehrung,
zu der ein menschliches Wesen fähig war.

Denn aus diesem Akt entstand neues Leben – das Wunder der neuen Anfänge. Aus diesem Akt oder Gesang erwuchs die Erfahrung der »heiligen Intimität« – denn einen kurzen, großartigen Augenblick lang waren die beiden Liebenden Göttliche Schöpfer, die eine neue Welt gebaren.

Das Lied war also das Fundament aller Kulturen und Zivilisationen. Alles entstand aus Gesang: Religionen, Regierungen, Kunst und Erziehung. Doch aus vielen verschiedenen, komplizierten Gründen ging den Männern und Frauen dann allmählich diese Fähigkeit des Gesangs verloren. Ihre Stimmen waren keine Instrumente der Freude mehr, sondern Instrumente des Zorns keine Instrumente der Zwiesprache mehr, sondern Instrumente der Einsamkeit. Das Wesen der menschlichen Geräusche wurde die Angst. Überall verstummte der Gesang.

Da ist es eigentlich kein Wunder, dass sich auch der Akt der Schöpfung veränderte. Für viele Erwachsene wurde der Gesang, der die heilige Intimität verherrlicht, zu einem Lied zweier Menschen, die Angst haben und einsam sind. Für viele Menschen verwandelte der andächtige Akt der Paarung sich in einen Akt der Verzweiflung und wurde zu einem Mittel, um sich an den anderen zu klammern, ihn zu beherrschen, sich zu verstecken.

Doch zum Glück sind die Erwachsenen weitherzige, vielschichtige Wesen. Sie können auf eine bestimmte Art und Weise fühlen und handeln, ohne die andere, die ursprüngliche Handlungs- und Empfindensweise dabei völlig zu verlieren. Und deshalb ist auch das Lied der Sexualität nicht völlig verloren gegangen. Die Menschen haben es nur beiseite geschoben – sie haben es »absichtlich vergessen«. Also können wir es zurückgewinnen, uns wieder daran erinnern und es damit ganz neu entdecken.

Den Menschen, die sich gern daran erinnern möchten, was heilige Intimität für ein Gefühl ist, und die das Bedürfnis haben, wirklich zu singen, raten die Feen:

1. Übe, bei allem, was du tust, gegenwärtig zu sein. (Der Liebesakt beginnt niemals im Schlafzimmer, genau wie Blumen nicht nur tagsüber wachsen. Es ist ein ständiger Prozess.) Und denke dabei vor allem daran: Gegenwärtigkeit bedeutet, den ganzen Menschen zu akzeptieren und einzubringen, der du wirklich bist – nicht nur den Menschen, der du deiner Meinung nach sein solltest.
2. Verbringe deine Zeit mit Dingen und Menschen, die leidenschaftlich lebendig sind (was das bedeutet, kann jeder nur für sich selbst entscheiden) – ob das nun eine magische Rockmusik-Sammlung, ein skurriler Tubaspieler, dein Lieblingsstück von Shakespeare, ein Gemälde von Matisse, dein übermütiger junger Hund, dein philosophischer Onkel, ein schneebedeckter Strand oder ein erotischer Salat ist.

3. Singe, singe, singe: unter der Dusche, in der U-Bahn – oder singe einem Baum in deiner Nachbarschaft etwas vor. Singe mit *deiner* Stimme, auch wenn sie piepsig und brüchig ist und du den richtigen Ton nicht immer triffst. Singe einfach, weil es dir Spaß macht. Singe alles, was du tust.

Obwohl der letzte Rat eigentlich etwas Selbstverständliches ist, muss er ganz sanft und vorsichtig ausgesprochen werden: 4. Praktiziere die heilige Intimität mit einem Menschen, für den du sehr tiefe Gefühle hegst. Denke daran: Ein paar kurze, großartige Sekunden lang erschafft ihr beide dadurch eine neue Welt.

Lieder des Lobes und der Enden

Im Gegensatz zu einer weit verbreiteten Meinung leben die Geschöpfe aus dem Verborgenen Königreich nicht ewig. Die Feen bezeichnen es nicht als Tod – und es ist auch kein Tod, so wie die Erwachsenen ihn verstehen, sondern etwas, was die Feen »Lob und Ende« nennen. Wenn das Geschöpf seinen Tanz – seine erleuchtete Mission – vollendet und erfüllt hat, verheiratet es sich mit der Erde.

Mit anderen Worten: Seine Gegenwart verschmilzt mit den physischen Elementen dieses Planeten.

Je nach dem ästhetischen Empfinden des betreffenden Wesens kann es ein ganz bestimmtes Stück Erde in einem ganz bestimmten immergrünen Wald heiraten oder ein ganz bestimmtes Blatt in einem ganz bestimmten Garten. Und da Feen keine Friedhöfe und Grabsteine haben, sollte man eigentlich annehmen, dass es bei ihnen auch keine Grabinschriften gibt. Aber das stimmt nicht. Ihre Grabinschriften sind lebendige Lieder, die von dem Ort ausgehen, den sie geheiratet haben; und häufig laden sie den Zuhörer, für den das eine ganz besondere Ehre ist, dazu ein, irgendwie auf dieses Lied zu reagieren. Sobald ein Erwachsener sich innerlich weit genug für das Verborgene Königreich geöffnet hat, kann er das Lied tatsächlich hören.

Ein solches Lied wurde in einer schönen Gegend namens Central Park belauscht, in einer Oase mitten in einem sehr lauten, hektischen Stadtteil namens Manhattan. Hier laden die Feen den Zuhörer dazu ein, ein Gedicht zu schreiben ...

Grabinschrift

Schreibe mir ein Gedicht.
Schreibe es in den Worten, mit denen du geboren wurdest,
den Worten, mit denen du aufgewachsen bist,
den Worten, die du an jedem Tag deines Lebens aussprichst.

Bringe mir keine Rose aus einem Garten, den du nicht
angelegt hast.
Lieber den dicken grünen Stängel eines Unkrauts,
das wild und ungefragt
unter deiner Verandatreppe wächst.
lieber eine Hand voll verdorrten Grases,
das du aus einer Laune heraus von deinem Rasen gepflückt
hast.

Schreibe mir ein Gedicht
und lass mich deine Stimme hören.
Rau, heiser,
misstönend wie das Geräusch eines rostigen Dreirads.

Lass mich dein Gesicht sehen.
Zernarbt und ungeliebt,
ungewaschen und unrasiert,
zärtlich und traurig.

Schreibe mir ein Gedicht
und bringe es an mein moosbewachsenes Grab,
zusammen mit einem zerzausten Strauß Blumen,
die du mit deinen eigenen Händen gepflanzt und
gepflückt hast,
und lies mir die Worte deines Gedichts vor.

Ich werde dir zuhören.

Und unter der Erde
und in den Winden
und über die Meere hinweg
werde ich mit meinem Beifall
in das Lied des winzig kleinen Spatzen einstimmen,
der immer und ewig auf dem Heimflug ist.

Ein Lied der Vertiefung

Für viele moderne Erwachsene spielt die Idee der Erleuchtung eine wichtige Rolle. Immer mehr Männer und Frauen scheinen danach zu streben. Es gibt Seminare und Bücher zu dem Thema; man sucht nach spirituellen Meistern und das alles nur zu einem Zweck: um jenen mystischen Ort zu »erreichen« oder – ein Reich, in dem einem endlich die Wahrheit enthüllt wird. Das ist sehr seltsam, denn aus der Sicht des Verborgenen Königreichs sind die Menschen mit ihrer Vorstellung von Erleuchtung weit vom richtigen Kurs abgekommen. Die Feen glauben nicht daran, dass Erleuchtung ein Ort ist, wo man »hinkommt«. Sie ist nicht »dort oben« oder »da draußen« oder »weit, weit weg«. Im Gegenteil: Die Feen meinen, dass man in die *andere* Richtung gehen muss – zur Erde, zum Boden hin.

Nach der Definition der Feen ist
Erleuchtung ein Akt der Vertiefung, eine
Implosion der Intimität mit sich selbst.

Bildlich gesprochen ist es so, wie wenn man seinen müden, nackten Körper in ein wohl tuendes heißes Bad sinken lässt.

Man tut das ganz langsam und vorsichtig, mit einem tiefen »Aaaaahhhh« und genießt jeden Augenblick dieses Prozesses. Wenn ein Erwachsener bereit ist, diesen langsamen, schönen Prozess zu akzeptieren, entsteht daraus eine ganz außergewöhnliche Magie.

Ein Augenblick der Erleuchtung kann sich auf vielfältige Weise bemerkbar machen. Manchmal ist es ein sinnliches Erlebnis wie bei dem Vergleich mit dem Bad – als ob die Natur dich in ihre Arme nimmt. Und manchmal ist die Wahrheit, die dir dabei offenbart wird, wirklich etwas ganz Erstaunliches. Höre dir einmal dieses »Lied der Vertiefung« an, das ich an einem strahlend schönen Herbsttag in der Nähe einer scheinbar ganz normalen Hecke belauscht habe:

Nur du

Es liegt ein Geheimnis im Wald.
Etwas, das nur die Bäume und Büsche wissen.
Dunkel, feucht, atemlos
wie die tiefe Höhle eines Mutterleibs.

Wenn du zuhörst, werden sie es dir verraten.
Nur wer vor diesem Geheimnis auf die Knie sinkt, wird eingeweiht.
Verlust ist der Schlüssel zum Geisterreich. Weine
und das Tor wird dir geöffnet.

Nackt trittst du ein.
Sie haben ihre Baum- und Buschmasken abgenommen
und bieten sich nur dir dar,
ihre üppigen Glieder weit ausgestreckt.

Denke daran …
Andere gehen vorbei und sagen:
»Wie hübsch.«
Nur du wirst im Sand geliebt werden.

David Roth

Wie man durch Mauern geht

Du musst begreifen, dass es im Verborgenen Königreich gar nicht als so etwas Besonderes gilt, durch Mauern zu gehen. Nach einer uralten Feenphilosophie ist das einfach nur ein weiterer Schritt auf dem Weg des Wachstums. Sobald dir *das* klar geworden ist, kannst du Dinge vollbringen, die dir und anderen Menschen wie ein Wunder vorkommen werden.

Wenn eine Fee an eine Mauer (oder ein anderes Hindernis) kommt, versucht sie nicht hindurchzugehen. Sie versucht auch nicht außen herum zu gehen. Nein, sie bleibt auf der Stelle stehen und entspannt sich. Sie setzt sich vor dem Hindernis nieder und beginnt einfach es anzuschauen. Bald darauf fängt sie an zu singen und zu tanzen und die Existenz dieses Hindernisses zu feiern (denn das können Feen am besten).

Mit anderen Worten: Feen akzeptieren alle Blockaden auf ihrem Weg voll und ganz.

Und kurze Zeit später (schneller, als eine Fee ihren Mund zum Lächeln verziehen kann) stehen sie auf der anderen Seite. Sie sind mühelos »durch das Hindernis hindurchgegangen«.

Auch in vielen anderen Situationen setzen die Feen diese einfache und doch so wirksame Methode des »Durch-Mauern-Gehens« in ihrem Reich – sei es nun ein Garten oder ein Waldboden – ständig in die Praxis um. Nehmen wir zum Beispiel einen jungen Baum, der durch die Erde zum Licht emporwächst. Wenn durch irgendein Missgeschick oder durch die Witterung (oder den Menschen) ein Hindernis ihm den Wachstumsweg versperrt (zum Beispiel ein großer Felsblock), versucht er nicht »durch die Mauer zu gehen«. Für den Baum (und für die Feen) wäre das absurd und eine große Energieverschwendung.

Der Baum akzeptiert die Existenz dieses Felsblocks zunächst einmal und erkennt sie an.

Dann schließt er ihn in seinen Wachstumsweg ein. Mit anderen Worten: Er wächst *mit* dem Felsblock. Der Baum wird nicht wütend, er regt sich nicht auf (wie wir Menschen es so häufig tun), er gibt nicht auf und gibt sich nicht geschlagen. Er geht ganz einfach seinen Weg weiter. Doch jetzt haben sein Weg (und seine Wurzeln) sich durch die Gegenwart des Felsblocks oder des Automotors verändert. Der Wachstumsweg des Baumes wird nie wieder derselbe sein wie zuvor – und doch hat dieser Baum nie aufgehört zu wachsen, nicht einmal eine Sekunde lang.

Natürlich gilt das auch für alle »Mauern«, denen die Erwachsenen in ihrem Leben begegnen können – für jedes Hindernis, das plötzlich auf ihrem Wachstumsweg auftaucht. Ob diese »Mauern« nun kreative, emotionale oder gar physische Blockaden sind – der Weg »hindurch« ist immer derselbe. Mach es einfach so wie die Feen. Wenn du auf eine neue Mauer in deinem Leben stößt:

1. Akzeptiere die Mauer voll und ganz – erkenne sie an.
Nimm dir dafür so viel Zeit, wie du brauchst. Es gibt keinen Grund zur Eile.

2. Feiere die Mauer; preise sie und heiße sie in deinem Leben willkommen.
Die Feen singen und tanzen gern; aber du kannst die Mauer natürlich auch anders preisen.

3. Beziehe die Mauer in deinen Wachstumsweg ein.
Dieser Schritt ergibt sich fast automatisch, sobald du die Schritte 1 und 2 vollendet hast.

Beim Loben deiner Mauer solltest du etwas Wichtiges nicht vergessen: Als menschliches Wesen musst du deine Definition des Begriffs »Lob« erweitern. Der Unterschied zwischen Menschen und Feen besteht darin, dass Menschen die Fähigkeit haben, zu verletzen und verletzt zu werden; daher hat das Loben für den Menschen eine andere Dimension. Im Reich der Menschen bedeutet Lob, einer Sache eine Existenzberechtigung einzuräumen – ob das nun etwas so Einfaches ist wie eine Schreibhemmung oder etwas so Komplexes wie Krebs.

Lob bedeutet, deine Gefühle und »es« gleichzeitig zu ehren und zu respektieren.

Wenn du über deine Mauer zornig und traurig bist, dann lobe diese Empfindungen, indem du sie in deinem Tagebuch »besingst«, ein trauriges, verwirrtes Gedicht darüber schreibst oder sie in Tänzen mit heftigen, verbitterten Bewegungen zum Ausdruck bringst. Denke daran: Wenn die Fähigkeit der Erwachsenen, zu verletzen und verletzt zu werden, *richtig* gelobt, gefeiert und geehrt wird, vertieft sie unsere Erfahrung des Lebendigseins und fördert letzten Endes Menschlichkeit und Mitgefühl in uns.

Natürlich erfordern all diese Schritte Übung. Doch sobald du dir dieses ungeheuer einfache und doch so bedeutende

Geheimnis erschlossen hast, wird sich dir eine ganz neue Welt auftun. Das nächste Mal, wenn du auf deinem Wachstumsweg an eine Mauer gerätst, wird dann alles ganz einfach sein: Eins, zwei, drei – und ehe du dich's versiehst (schneller als eine Fee ihren Mund zum Lächeln verziehen kann), tanzt du auch schon auf der anderen Seite weiter!

Die Zukunft Gottes

Im Verborgenen Königreich gibt es eine geheime Prophezeiung, über die nur selten gesprochen wird. Und doch haben alle Lebewesen sie schon immer gekannt. In den vielen Hunderten und Tausenden von Jahrhunderten ist dieses Geheimnis nur sehr wenigen Menschen offenbart worden. Das liegt daran, dass Männer und Frauen bisher noch nie bereit waren, es in sich aufzunehmen. Doch jetzt ist die Zeit dafür endlich reif dafür.

Die Wesen aus dem Verborgenen Königreich spüren, dass die Menschheit bereit ist, diese uralte Weissagung zu hören:

Im Herzen eines jeden Menschen wartet ein herrlicher, einmaliger Klang darauf, geboren zu werden. Und was auch immer dieser Mensch tut oder nicht tut – eines Tages wird dieser Klang auf die Welt kommen.

Die aufrichtige Bereitschaft des betreffenden Menschen, zu zeigen, wer er wirklich ist, seine göttliche Gegenwart mit dem Rest der Welt zu teilen, wirklich er selbst zu werden, beschleu-

nigt die Geburt dieses Klangs. Doch das erscheint vielen Erwachsenen zu intim und flößt ihnen zu große Angst ein. Dennoch spielt es im Verborgenen Königreich eine wichtige Rolle, seine göttliche Gegenwart mit anderen zu teilen. Und es ist eine wahrhaft mutige Tat.

In dem Augenblick, in dem ein menschliches Wesen seine tiefe Bereitschaft eingesteht, sich zu zeigen – sein göttliches Wesen mit der Welt zu teilen –, wird dieser Klang im wahrsten Sinne desWortes in den Äther hineingeboren. Und je mehr dieser Mensch seine eigene Identität mit sich selbst und der Welt teilt, umso großartiger und tiefer wird der Klang. Dieser Klang ist ein winzig kleiner Teil, eine kleine Note oder Melodie dessen, was man als »Das Lied Gottes« bezeichnet.

Wenn genügend Menschen diese herrlichen Klänge auf die Welt bringen (und sobald die Waagschale sich einmal in die richtige Richtung neigt, lockt sie die Klänge automatisch aus den übrigen Menschen heraus), tritt ein außergewöhnliches kosmisches Ereignis ein.

Dann bricht im ganzen Universum ein so großartiger, so mächtiger, so erleuchteter Klang hervor – ein Klang von so zwingender Überzeugungskraft, dass er einen ganz neuen Gott erschafft. Einen Gott, auf den alle Männer, alle Frauen und alle Kinder schon immer gehofft und um den sie schon immer gebetet haben. Und mit diesem neuen Gott wird auch ein neuer Planet erschaffen werden. Und auf diesem Planeten wird eine neue Rasse erwachsener Menschen voller Seele und Mitgefühl geboren werden. Und der Gott, den sie verherrlichen und anbeten, wird der Gott sein, zu dessen Erschaffung du beigetragen hast.

Um es mit einfachen Worten auszudrücken ... Du – ihr alle seid schon jetzt in diesem Augenblick die Mütter und Väter dieses künftigen Gottes.

Ein letztes Gebetslied

Was sehen wir, wenn wir in die Zukunft schauen? Worin liegt unsere Bestimmung, die Bestimmung unserer Kinder und Kindeskinder? Was wird aus dem immergrünen Baum, der Lilie, dem tosenden Fluss, der Morgensonne? Unser Leben ist in einem ewigen Tanz mit dem aller anderen Menschen und Lebewesen auf diesem Planeten verflochten. Wenn wir unseren Teil dieses Tanzes beenden, wenn wir die Feier verlassen, verstummt die ganze Musik. Dann ist die Party vorbei. Dann gehen alle Menschen und Dinge nach Hause – ob sie wollen oder nicht.

»Zu Hause« ist zwar gar kein so schrecklicher Ort
(eigentlich ist es sogar ein wunderschöner Ort),
aber trotzdem tragen wir eine große Verantwortung,
wir haben immer noch ein Versprechen zu erfüllen.

Und dieses Versprechen, dieses Gebetslied, das wir in der Gegenwart von Feen vor langer, langer Zeit in unserem Herzen sangen, hört sich so an:

Bleib bei mir,
bis Sonne, Monde und Sterne
nicht mehr scheine.

Bleib bei mir,
bis Regen und Fluss und das tosende Meer
nicht mehr rauschen.

Bleib bei mir,
bis es keine Herzen, keine Lieder
und kein Lächeln mehr gibt.

Bleib bei mir,
bitte bleib bei mir.

Wir haben uns gegenseitig dieses Versprechen gegeben – wir dem Verborgenen Königreich und das Verborgene Königreich uns. Wir haben unsere Liebe verpfändet, wir haben unsere Herzen verpfändet, wir haben unser strahlendes, leuchtendes Gemüt und unseren strahlenden, leuchtenden Willen verpfändet. Wir haben uns schon vor langer Zeit ineinander verliebt und uns geschworen, auf immer und ewig Gefährten zu bleiben.

Wir können dieses Versprechen nicht brechen, ohne zugleich schmerzliche Konsequenzen auf uns zu nehmen. Wer wird darunter leiden? Wir selbst. Wir brauchen uns keine Sorgen um andere zu machen. Wie werden wir leiden? Nicht durch göttliche Vergeltung oder ewige Verdammnis, sondern dadurch, dass das Leuchten aus unseren Augen verschwindet; dadurch, dass das Lied in unseren Herzen verstummt und der Tanz zu Ende geht.

Also lasst uns weiterfeiern – zuerst mit uns selbst und unserer eigenen Menschlichkeit, dann mit denjenigen, die uns am nächsten stehen und am liebsten sind, dann mit unseren Freunden, der Gemeinde, dem Volk, dem wir angehören und schließlich mit der ganzen Erde um uns herum.

Lasst uns weiterhin die Musik machen, zu der wir auf die Erde gekommen sind; lasst uns die Klänge und Lieder auf die Welt bringen, die tief in unserem Inneren darauf warten, geboren zu werden. Seit Anbeginn aller Zeiten haben die Feen und alle großen Geschöpfe die Existenz verherrlicht und gefeiert. Lasst uns nicht diejenigen sein, die besiegt mit den Schultern zukken und sagen: Die Party ist vorbei.

Der Eingang

Schließlich
begriff ich die Lotosblüte,
von der die chinesischen Meister singen.

Wie Blütenblätter
drängen unsere Leben nach außen und öffnen sich,
prachtvoll und fruchtbar,
überreich, in leuchtendem Gelb.

Wir denken, unser Leben sei nur die Vorbereitung
auf etwas viel Größeres,
eine verborgene Blüte, eine geheime Beere,
die uns quälend lockt
wie ein saphirblauer Streifen am Himmel
vor dem Sonnenaufgang.

Doch ebenso wie die Lotosblüte
bereiten wir uns auf gar nichts vor.
Die chinesischen Meister lachen leise –
sie haben den Witz verstanden.

Wir öffnen uns und sind schon vollendet.
Wir öffnen uns und sind fruchtbar.
Wir öffnen uns ständig,

und streben einem Eingang zu, der niemals da ist.

Denke daran: Die Geschichte ist nie zu Ende …

Danksagung

Wie alle Menschen auf diesem Planeten musste dieses Buch eine ziemlich lange Reise hinter sich bringen, um auf die Welt zu kommen. Der Same dazu wurde in den Hinterhöfen von Brooklyn in die Erde gelegt; in den belebten Straßen Manhattans schlug es seine ersten Wurzeln, und auf den faszinierenden Hawaii-Inseln Oahu und Lana'i begann es in seiner ganzen verschwenderischen Farbenpracht zu blühen. Deshalb sage ich der Stadt New York von ganzem Herzen »Thank you« und dem Staat Hawaii *mahalo nui loa*.

Wie bei jeder gelungenen Geburt waren auch an der Entstehung dieses Buches viele fantastische weibliche und männliche Hebammen beteiligt. Ich danke euch allen:

Meiner Mutter, weil sie mir geholfen hat, die kleine Erbsenpflanze heranzuziehen.

Meinem Vater, weil er insgeheim daran glaubte.

Michael, weil er das alles ernst genommen hat.

Karen Goldman, weil sie diese Reise in Gang gesetzt hat, ohne es zu wissen.

Jan Stoltman für seinen ungeheuren Enthusiasmus (und sein heimliches Lauschen!).

Dem Naturgeist Joseph dafür, dass er mich in der Welt des Übersinnlichen in die richtige Richtung gelenkt hat.

Al Lowman, der die Möglichkeiten als Erster erkannte.

Dr. Joanne Towne (auch JKT genannt) für ihre unendliche Unterstützung als meine Freundin und mein Fan.

Alberta Nye dafür, dass sie keinen Augenblick an meinem Erfolg gezweifelt hat.

Bonnie Kelley Kaback für unsere freudvolle Feen-Freundschaft.

Und vor allem: Danke, danke, danke an dich, Dennis Edward Aubrey, meinen Mann und treuesten Gefährten, dafür, dass du nicht nur an mein Werk, sondern auch an mich ganz fest geglaubt hast. Ich liebe dich für immer und ewig.

Ohne ein herzliches Dankeschön an meinen Verleger Ian Miller und all die vielen unerwähnten Mitarbeiter hinter den Kulissen des Verlags CW Daniel wäre diese Danksagung unvollständig.

Mein letzter und wichtigster Dank aber gilt dem Verborgenen Königreich und den unzähligen Geistern und anderen Lebewesen, die es bevölkern und die mir einen kleinen Einblick in ihre erleuchtete Existenz gewährt haben. Ich danke euch von ganzem Herzen. Hoffentlich seid ihr stolz auf dieses Buch!

Der Ansata Verlag dankt Katlyn Breene für die Illustrierung dieses Buches. Kontakt zur Künstlerin über das Internet: http://www.heartmagic.com